Bistümer der Bundesrepublik Deutschland

Alfred Läpple

Deutschland, deine Wallfahrtsorte

MARIA HAT
GEHOLFEN
20.2.1975
25.8.1975
Maria
hat geholfen
Wir danken

Alfred Läpple

Deutschland, deine Wallfahrtsorte

Pattloch

Bildnachweis

Arbeitsgemeinschaft für Freizeit und Verkehr, Xanten (S. 152, 153, 154, 155) · Verlag Ludwig Auer, Donauwörth (S. 37, 38) · Bavaria, München (S. 2, 8, 11) · Bernward Verlag, Hildesheim (S. 61) · Beuroner Kunstverlag, Beuron (S. 27, 28) · Peter F. Bock, München (S. 65, 66) · Foto-Studio Bornschlegel, Staffelstein (S. 128, 129) · Cramer's Kunstanstalt, Dortmund (S. 33, 34, 67, 134, 135, 136, 137) · Robert Dengler, Bad Wurzach (S. 151) · Drave, München (S. 6, 18) · Foto-Studio Euler, Werl (S. 141, 142, 143) · Fuhrmann, Eichstätt (S. 45, 46, 47) · Klaus Gräber, Paris (S. 85, 86) · Adolf Hafner, München (S. 109) · Herpich-Verlag (S. 23 unten) · Archiv Huber, Garmisch-Partenkirchen (S. 14, 15) · Karl Karrenberg, Velbert (S. 95) · Foto-Studio Kienberger, Lechbruck (S. 145, 146, 147) · Klocke, Paderborn (S. 98, 99, 100) · Verlag von König, Diehlheim/Heidelberg (S. 149) · Kunstverlag Maria Laach, Maria Laach (S. 34) · Hans Günter Numberger, München (S. 19, 22, 23, 29, 30, 31, 40, 41, 42, 43, 48, 49, 53, 80, 81, 82, 83, 91, 92, 93, 101, 102, 103, 104, 105, 112, 113, 114, 118, 119) · Oberfränkischer Ansichtskartenverlag, Bayreuth (S. 63) · Archiv Pattloch, Aschaffenburg (S. 17, 18 rechts, 19 unten, 51, 55, 72 rechts, 73 unten, 89, 90) · Katholisches Pfarramt, Gößweinstein (S. 59, 60) · Dr. J. Schlafke, Köln (S. 71, 72 links, 73 oben) · Verlag Schnell & Steiner (S. 122, 123) · Schöningh & Co., Lübeck (S. 56, 57, 74, 75) · Schönstatt-Verlag, Vallendar (S. 120) · Schwalbe, Trier (S. 124, 125, 126) · Konrad Volk, Würzburg (S. 150) · Wallfahrtsleitung, Wemding (S. 138, 139) · Hermann Wehmeyer, Hildesheim (S. 97) · Foto F. G. Zeitz KG, Königssee (S. 76, 77, 78)

1983

Graphische Gesamtgestaltung: Hans Numberger, München
Gesamtherstellung: Salzer - Ueberreuter, Wien
ISBN 3-557-91234-5 (broschierte Ausgabe)
ISBN 3-557-91235-3 (gebundene Ausgabe)
2. erweiterte Auflage

Inhalt

Vom Sinn der Wallfahrten

Wallfahrten sind nicht unter »Tourismus« einzuordnen. Sie sind keine bloßen Führungen zu historisch oder kunstgeschichtlich interessanten Stätten. Sie sind auch nicht zu verstehen als Auszug »aus grauer Städte Mauern« um ins Grüne zu gehen und der Natur zu begegnen.

Weil sehr häufig neben der Wallfahrtskirche ein Wirtshaus steht und dort für die hungrigen und durstigen Pilger ein bekömmliches Essen und ein stärkender Trunk serviert werden, können Pilgerscharen, wie es 1901 der aus dem Frankenland stammende Kardinal Michael von Faulhaber (†1952) über die Kreuzberg-Wallfahrt in Franken gedichtet hat, in recht unterschiedliche Richtungen sich aufteilen:

»Den Kreuzberg herauf kam ein
endloser Zug,
die einen zur Kirche, die andern
zum Krug.«

In Wallfahrten erschließt und verwirklicht sich ein Wesenszug des Menschen, der Wanderer in dieser Welt ist und der für diese irdische Pilgerschaft betend und bittend Ausschau hält nach helfenden, tröstenden Mächten, um glücklich das Ziel des Lebens zu erlangen:

»Wir sind nur Gast auf Erden
und wandern ohne Ruh
mit mancherlei Beschwerden
der ewigen Heimat zu.
. . .
Und sind wir einmal müde,
dann stell ein Licht uns aus,
o Gott, in deiner Güte;
dann finden wird nach Haus.«
(Georg Thurmair)

Die Lebensgeschichte jedes Menschen ist die Geschichte eines Weges. Der Mensch sucht nach dem Glück, nach dem Sinn, nach dem Bleibend-Gültigen, für das es wert ist, zu leben und zu sterben. Viele Irrwege und Umwege gehen Menschen: Wege ohne Gott –, Wege gegen Gott –, Wege mit wechselnden Idolen und Programmen.

In der alten Christophorus-Legende, die im Mittelalter und in der beginnenden Neuzeit die Christen immer neu faszinierte, ist die fundamentale Frage beantwortet: Wozu sind wir auf Erden? Auf die einprägsame Antwort der Christophorus-Legende hat auch Martin Luther in einer Predigt am 25. Juli 1529 hingewiesen, als er sagte: »Du sollst wissen, daß Christophorus nicht eine Person ist, sondern ein Ebenbild aller Christen. Die Geschichte will nicht eine Historie sein, sondern will das christliche Leben vor Augen halten.«

Es ist viel zu wenig bekannt, daß in der deutschen Sprache recht bemerkenswerte Querverbindungen und Aussagen über Wallfahrt wie über Erfahrung und Lebenssinn vorliegen.

Wallfahrt und Lebenssinn

In dem berühmten Deutschen Wörterbuch (10. Band, 1. Abteilung, Spalte 1103–1152), herausgegeben von den Brüdern Jakob und Wilhelm Grimm, wird nachgewiesen, daß das althochdeutsche Wort »sinna« (= Sinn) die ursprüngliche Bedeutung »reisen, beistehen, sich um etwas küm-

mern« hat. Wer also dem Sinn seines Lebens sich öffnen will, muß sich auf Wanderung begeben. Sinn muß erwandert werden. Ein über die letzten Fragen des Lebens »Be-Wanderter« ist derjenige, der einen langen Wanderungsprozeß durchlaufen hat. Lebenserfahrung wird nicht geschenkt. Sie wächst jenem Menschen zu, der viele Wege des Glückes wie des Leides mit Gott gewandert ist und damit reich geworden ist an Er-Fahrung.

Es sollte nicht überhört werden, daß in der althochdeutschen Sprachwurzel »sinna« auch die Bedeutung »beistehen« bzw. »sich um etwas kümmern« enthalten ist. Wer den Sinn seines Lebens finden will, braucht den Beistand anderer, die bereits Reiseerfahrungen besitzen. Beistehen können uns vor allem jene, die das Ziel ihres Lebens in Gott bereits erreicht haben und die sich als unsere Freunde und Fürsprecher »um uns kümmern«. Das 2. Vatikanische Konzil (1962/65) hat in seiner Dogmatischen Konstitution über die Kirche vom 21. November 1964 den Christen ausdrücklich empfohlen, »diese Freunde und Miterben Christi, unsere Brüder und besonderen Wohltäter, zu lieben, Gott für sie den schuldigen Dank abzustatten, sie hilfesuchend anzurufen und zu ihrem Gebet, zu ihrer mächtigen Hilfe Zuflucht zu nehmen, um Wohltaten zu erflehen von Gott durch seinen Sohn Jesus Christus, der allein unser Erlöser und Retter ist« (Art. 50).

Auf der irdischen Pilgerschaft steht der Einzelchrist wie das ganze Gottesvolk immer wieder zwischen Sturm und Sturm. »Euer Widersacher, der Teufel, geht umher wie ein brüllender Löwe und sucht, wen er verschlingen könnte . . . Der Gott aller Gnade, der euch durch Christus zu seiner ewigen Herrlichkeit berufen hat, wird euch, die ihr kurze Zeit zu leiden habt, ausrüsten, stärken, kräftigen und festigen« (1 Petr 5,8.10).

Tröstlich ist es für den angefochtenen Christen, daß er nicht allein seinen irdischen Weg zu gehen hat. Gottes Gnade steht ihm bei. Sie ist ihm von Jesus Christus, dem menschgewordenen Sohn Gottes, zugesichert und wird in immer neuer Fülle durch den Heiligen Geist geschenkt (1 Kor 12,1–13). Der Weg des Menschen ist durch Gottes gnädige Fügung begleitet von einem unsichtbaren Kranz von Engeln und Heiligen. Diesen Glauben bezeugt die Kirche, wenn sie im Gabengebet des Allerheiligenfestes spricht: ». . . Wir glauben, daß deine Heiligen bei dir leben und daß Leid und Tod sie nicht mehr berühren. Erhöre ihr Gebet und laß uns erfahren, daß sie uns nahe bleiben und für uns eintreten«.

Stätten der Gnade

Wallfahrten haben ein Ziel – eine Kirche, eine Kapelle, eine Grotte, ein Gnadenbild. Der christliche Glaube wurzelt nicht in einem geschichtslosen Mythos. Er hat sein entscheidendes Fundament in der Menschwerdung und Vergeschichtlichung des ewigen Gottessohnes.

»Und das Wort ist Fleisch geworden
und hat unter uns gewohnt,
und wir haben seine Herrlichkeit geschaut,
die Herrlichkeit des Eingeborenen vom
Vater«. ***(Joh 1, 14)***

Gottes Gnade ist sichtbar und damit greifbar und nachprüfbar geworden im menschgewordenen Sohn Gottes und damit in der Geschichte. Wir können sagen: Hier hat der menschgewordene Sohn Gottes gelebt!

Gott wirkt immer noch in der Geschichte. Es gibt Menschen, von denen wir sagen können, sie sind der Gnade Gottes begegnet, sie sind von der Gnade Gottes erfüllt, verwirrt und beglückt worden. Wir können daher ebenso sagen: Hier – an diesem Menschen, an dieser Stätte – hat Gottes Gnade gewirkt!

Gott kann seine Huld auch durch Engel und Heilige vermitteln. Ohne Zweifel gibt es Stätten – erinnern wir uns nur an den

Marienwallfahrtsort Lourdes –, an denen Gottes Gnade in überströmender und ungebrochener Fülle den Menschen geschenkt wird. Es gehört zur Leib-Seele-Struktur des Menschen, die unsichtbare Gnade in sichtbaren Zeichen zu erfahren. Es gehört zur gefährlichen Sehnsucht des Menschen, Gnade in einem sichtbaren Gegenstand festhalten zu wollen. Jeder Christ weiß, daß das Bild des gekreuzigten Heilandes, die Statue Marias oder das Bild eines Heiligen nur der optischen Sehnsucht des Menschen entgegenkommt und letztlich den Blick des Glaubens in die unsichtbare Richtung lenken will, um der geistlichen Wirklichkeit zu begegnen.

Allzu leicht kann eine unerleuchtete Sehnsucht nach der greifbaren und verfügbaren Gnade zu einer unglücklichen, ja unverantwortlichen »Verdinglichung« des Heiligen entarten und zu einer Isolierung und Verselbständigung des Heiligen führen. Fromme Herzen können allzu leicht eine dichte Wolke um einen Heiligen legen und ihm eine besondere Auszeichnung seiner Würde und seiner fürbittenden Hilfe zusprechen: Der Heilige lebt und ist gegenwärtig in seinem Bild.

Es gehört zur Grundaussage katholischer Heiligenverehrung: Kein Heiliger, auch nicht Maria, die Königin aller Engel und Heiligen, darf Gott verdecken, verdrängen, ersetzen. Gnade kommt allein von Gott. Es gibt nur »einen Mittler zwischen Gott und den Menschen« (1 Tim 2, 5), den menschgewordenen Sohn Gottes, Jesus, den Christus. Um aber die Heiligenverehrung in ihrer ganzen Tiefe begründen und verstehen zu können, sollte man sich des kühnen Schriftwortes erinnern: »So freue ich mich, für euch leiden zu dürfen, und ergänze an meinem Leibe, was den Leiden Christi noch fehlt, zum Besten seines Leibes, das ist die Kirche« (Kol 1,24).

Der Heilige, vor allem Maria, steht nicht außerhalb des Erlösungswerkes. Er ist nicht nur Empfänger. Er ist mit seinem Beten, Opfern, Leiden und Sterben gnadenhaft hineingenommen in das Erlösungswerk Jesu Christi. Es ist ein heiliges und sühnendes Mitwirken — Dürfen in Christus und mit Christus, das in einem sozusagen amtlichen Sinne in die gottmenschliche Opferhingabe hineingenommen ist.

Es gibt Stätten auf dieser Erde, an denen unsagbar viel gebetet, gelitten, geopfert wird. Sollte nicht gerade dort, wo Menschen in höchster Intensität beten und bitten, Gott mit übervollen Händen seine Huld und Gnade den Menschen schenken? Hat nicht der Herr selbst verheißen: »Alles, was zwei von euch auf Erden gemeinsam erbitten, werden sie von meinem Vater im Himmel erhalten. Denn wo zwei oder drei in meinem Namen versammelt sind, da bin ich mitten unter ihnen« (Mt 18,19–20).

Mit Maria sind die Engel und Heiligen unsere Freunde, unsere Mitbeter, unsere Fürsprecher, die auch uns an jener ewigen Herrlichkeit teilnehmen lassen wollen, die ihre unaussprechbare Seligkeit ist. Wallfahrtsorte sind jene Stätten, an denen gleichsam die Himmelstreppe der Gnade in Zeit und Raum aufsetzt. Mit dem alttestamentlichen Patriarchen Jakob kann das Gottesvolk des Neuen Bundes in dankbarer Beklommenheit sprechen: »Wirklich, der Herr ist an diesem Ort! . . . Hier ist nichts anderes als das Haus Gottes und die Pforte des Himmels« (Gen 28,16–17). Man sollte daher mit jenen Überraschungen rechnen, von denen Giovanni Don Bosco (1815–1888) sprach: »Irgendwo am Weg wartet Gott«.

Wallfahrt im Wandel der Frömmigkeit

Wallfahrten sind Ausdruck der Frömmigkeit. Sie sind ebenso wie diese dem geschichtlichen Wandel des Aufblühens und des Absterbens unterworfen. Wallfahrten markieren sehr deutlich die unterschiedlichen Gezeiten der Frömmigkeit, ihrer Ver-

Wir ziehen zur Mutter der Gnade .
Wie verschieden sind die Anliegen (Bitte, Dank, Süh
die in das gemeinsame Gebet dieser Wallfa
hineingenommen und mitgetragen wer

änderungen, Akzentuierungen, aber auch ihrer Verfremdungen und Verengungen.

Im Zentrum der gläubigen Anbetung stand und steht das Geheimnis der Dreifaltigkeit wie das geschichtlich greifbare Geheimnis des menschgewordenen Gottessohnes Jesus Christus, das in einer Vielfalt von Andachtsformen ausgefaltet wurde: Kindheit – Jesu – Verehrung, Herz-Jesu-Verehrung. Es waren vor allem Erinnerungszeichen aus dem Leben Jesu, wie das Haus in Nazaret (Loreto), der Heilige Rock (Trier), das Schweißtuch, das Holz des Kreuzes und das Grablinnen (Turin), die den Christuswallfahrten starke Impulse gaben.

Die Gegenwart Christi in der konsekrierten Hostie hat in der Verehrung blutender Hostien eine wahre Faszination breitester Volksschichten bewirkt. Bemerkenswert ist der Wandel der marianischen Kultbilder vom Vesperbild und der schmerzhaften Gottesmutter zum Maria-Hilf-Bild (vor allem nach der Seeschlacht von Lepanto 1571), zum Bild der Mutter mit dem Kind, zum Immaculata-Bild.

Auch die Gräber der Glaubensboten wie der regionalen Heiligen und der Bauernpatrone wurden von Bittstellern aufgesucht, um sich in großer Not ihrer Fürsprache zu versichern. Wallfahrten zogen aber auch zu jenen Orten, an denen Sakrilegien begangen wurden, um Sühne und Buße zu leisten. An die Stelle der Fernwallfahrten ins Heilige Land, nach Rom oder zum Jakobusgrab in Santiago di Compostella traten mehr und mehr Wallfahrten in die heimische Umgebung. Nicht selten haben Marienerscheinungen oder Marienbilder, die an Linden- oder Eichenbäumen (Maria Eich bei München) erschienen sind, den Anstoß zu Wallfahrten gegeben.

Geschichte und Legende haben sehr häufig ein so dichtes Gestrüpp wachsen lassen, daß es bisweilen kaum möglich ist, den harten, historischen Kern der Entstehung einer Wallfahrt und der Herkunft eines Andachtsbildes genau zu ermitteln. Bischof Paul Wilhelm von Keppler († 1926) hat anläßlich einer Predigt am Blutfreitag 1925 in Weingarten über die Stellungnahme zu den überlieferten Berichten das weise Wort gesagt: »Niemand hindert uns daran, niemand zwingt uns dazu«, solche Überlieferungen zu glauben.

Auch die verschiedenen Epochen der Kirchengeschichte haben recht unterschiedlich auf das Wallfahrtswesen eingewirkt. Ganz allgemein läßt sich sagen: Die Mehrzahl der deutschen Wallfahrtsorte findet sich in jenen Landstrichen (wie Bayern oder Rheinland), die in den Wirren des Reformationszeitalters katholisch geblieben sind. Es ist ferner beachtlich, daß gegen die Welle der Aufklärung im 17. und 18. Jahrhundert das katholische Volk sich mit einer pointierten Herzensfrömmigkeit wehrte. Die barocke Frömmigkeit ist gekennzeichnet durch ein Aufblühen der Wallfahrten, der Lichterprozessionen, der kerzenübersäten und weihraucherfüllten Andachten.

Es mag Zeiten gegeben haben und auch künftig geben, in denen Wallfahrten verkümmern und auf den Prozessionsstraßen das Gras der Vergessenheit wächst. Es gibt eine sich wandelnde Favorisierung von Heiligen. Während die einen vom Postament gerückt werden, erleben andere ein ganz neues Interesse. Man hat gesagt, die Heiligen kommen wieder (Walter Nigg). Richtiger müßte man wohl sagen: Die Heiligen sind den Menschen nie ferne gewesen. Es wird immer wieder einen Frühling, eine Renaissance der Wallfahrten geben – wenngleich aus recht unterschiedlichen Motiven.

Wallfahrten sind Zeichen des Glaubens
- an die Wirksamkeit Gottes in seinen Engeln und Heiligen,
- an die Gnadenerweise, die Gott den Menschen auf den irdischen Pilgerwegen gibt,
- an oft greifbare Erfahrungen der göttlichen Führung und Gnade.

Aachen

Bistum Aachen

Karl der Große (768–814) hat in Aachen seine wichtigste Residenz errichtet und mit einer Pfalzkapelle verbunden. Er wollte damit auch äußerlich bekennen, wie sehr ihm an der Verbindung der politischen und der christlichen Geschichte gelegen war. Der Dom zu Aachen (heute Kathedralkirche des 1930 errichteten Bistums Aachen) wird von vielen Touristen, die ihn alljährlich besuchen, meist als geschichtliches Denkmal ersten Ranges angesehen. Man bewundert die zwischen 786 und 800 errichtete oktogonale Pfalzkapelle mit dem erhöhten Thron des Kaisers Karl d. Gr., dem mächtigen Radleuchter (aus dem Jahr 1160/70) und dem Karlsschrein in der Mitte des gotischen Hallenchors.

Der Dom zu Aachen ist von Anfang an Orientierungszeichen des christlichen Glaubens gewesen, wie die jahrhundertalten Wallfahrten zu seinen vielgerühmten Heiligtümern bezeugen. Ursprünglich hatte er ein Doppelpatrozinium – zu Ehren des Erlösers und der seligen Jungfrau Maria. Bereits im 9. Jahrhundert wurde der Titel des Dompatronats ausschließlich auf Maria bezogen und das Kirchenpatrozinium am 15. August, dem Fest Mariä Himmelfahrt, begangen.

Bereits Karl d. Gr. lag sehr viel daran, die Kirche seiner Kaiserpfalz mit einer Vielzahl von Herren- und Marienreliquien auszustatten. Sie waren für ihn Zeichen der Legitimität wie Sicherung seiner Herrschaft. Er lebte mit den Christen seiner Epoche in dem Glauben: Wer in der Nähe von Reliquien lebt und betet, darf sich des Schutzes und der Fürbitte dieser Heiligen gewiß sein. Schon Ende des 8. Jahrhunderts sollen nach gut bezeugten Berichten die wichtigsten Heiligtümer nach Aachen gebracht worden sein.

Für die würdige Aufbewahrung wurde der sogenannte »Marienschrein« (vollendet 1236) angefertigt. Um in der Zeit des Mittelalters den immer zahlreicher werdenden Pilgern die Heiligtümer zeigen zu können, wurde ein Chorbau (1414 eingeweiht) und ein Turm mit

Hochchor des Aachener Doms

Dom zu Aachen (Ostseite)

Marienschrein (Domschatzkammer)

Galerien (über dem karolingischen Westbau) angefügt. An je sieben verschiedenen Stellen der Turmgalerien wurden je sieben Tage vor und nach dem großen Kirchweihfest des Aachener Domes (17. Juli) in einem Siebenjahresturnus (erstmals im Jahr der großen Pest 1349; nächste Heiligtumszeigung 1986) den auf den Plätzen um den Dom anwesenden Pilgern die vier großen Heiligtümer gezeigt: das Mariengewand (verbunden mit dem Gebet um den Schutz Marias für Stadt und Land) – die Windeln des Herrn (verbunden mit der Verehrung der Menschwerdung und Menschheit des Gottessohnes) – das Lendentuch Christi (verbunden mit dem Gebet für die Gnade der Erlösung) – das Enthauptungstuch des Täufers Johannes (verbunden mit der Erneuerung der Glaubens- und Kirchentreue).

Hinzu kommen noch drei kleine Heiligtümer: der Ledergürtel Christi, ein Stoffgürtel Marias und ein Stück vom Strick, mit dem Christus an die Geißelsäule gebunden war. Eine besondere Verehrung gilt außerdem dem Aachener Gnadenbild (1,10 m hohe Holzstatue), seit dem 2. Weltkrieg an einem Pfeiler im karolingischen Kuppelbau. Die Erhebung wie auch die Verschließung der Heiligtümer im Marienschrein wird nach einem alten Zeremoniell (in Gegenwart der Vertreter der Stadt Aachen) durchgeführt.

Mögen sich im Laufe der Jahrhunderte die Akzente der christlichen Frömmigkeit ändern und mag auch die geschichtliche Echtheit der Aachener Heiligtümer sich nicht exakt belegen lassen (es kann sich durchaus um sogenannte »Berührungsreliquien« handeln), entscheidend bleibt: Reliquien und Heiligtümer (mögen sie noch so gut bezeugt sein) wollen nicht allein mit den Augen gesehen und bestaunt werden. Sie wollen vielmehr den Blick für die Zentralwahrheiten unseres Glaubens und Lebens öffnen. Wenn dieser geistliche Impuls nicht von einer Wallfahrt ausgeht, dann gilt wahrhaftig, was der Verfasser der »Nachfolge Christi« recht deutlich gemacht hat: »Wer viele Wallfahrten macht, wird selten heilig« (I, 29). Auch die Heiligtümer von Aachen wollen als Zeichen des Glaubens verstanden und verehrt sein, um vom Sichtbaren zum Unsichtbaren geführt zu werden.

Altötting

Bistum Passau

Altötting, religiöses »Herz Altbayerns« genannt, liegt im Schnittpunkt der Bundesstraße 12 (München–Passau) und der Bundesstraße 299 (Landshut–Traunstein). Mit der Bundesbahn ist Altötting auf der Strecke München–Burghausen (Obb.) und ebenfalls von Passau aus zu erreichen.

Altötting (Alten Oetingen), urkundlich erstmals im Jahr 748 bezeugt, ist bereits mit dem Beginn der Bayerischen Geschichte (seit 500 n. Chr.) und zwar mit dem herzoglichen Geschlecht der Agilolfinger verknüpft. Ausgrabungen deuten darauf hin, daß die Römer auf dem heutigen Kapellplatz einen heidnischen Tempel der sieben Planeten errichtet hatten und daß sehr früh schon an dessen Stelle eine Taufkapelle als Achteckbau (Oktogon) erbaut wurde.

Es ist geschichtliche Tatsache, daß 788 König Karlmann seinen Regierungssitz in die Pfalz Otinga verlegte. Nicht ebenso sicher ist zu belegen (trotz der Berichte des bayerischen Geschichtsschreibers Aventinus [1477 bis 1534] und der bereits 1270 verfaßten Regensburger Schottenlegende), daß sich Karl der Große im Jahr 803 – auf seiner Reise von Salzburg nach Regensburg – in Ötting aufgehalten hat; er wird in diesen Berichten sogar als Erbauer einer Kapelle (capella Otinga) genannt. Ausgrabungsergebnisse legen nahe, den Kapellenbau in seiner ältesten Substanz in die karolingische Periode zu legen und in ihm eine ursprüngliche Hof- oder Pfalzkapelle zu sehen.

Die heutige »Heilige Kapelle« ist ein Achteckbau, der 1464 durch ein Langhaus erweitert wurde. Das Gesamtgebäude ist durch einen überdachten Umgang abgeschlossen, an dessen Wänden eine Fülle von Votivtafeln zu finden ist: Vielfältiger Dank für Erhörung in schwerem Leid. Maria, hilf! – Maria hat geholfen!

Der Beter, der den Vorbau durchschritten hat und durch einen schmalen Eingang in das Oktogon der Gnadenkapelle eintritt, muß zuerst sein Auge an das Dunkel dieses kleinen Raumes gewöhnen. Erst dann erkennt er, in eine kleine Nische hineingebaut, den in Silber getriebenen Gnadenaltar mit dem Bild »Unserer Lieben Frau«. Zur rechten Seite des Gnadenaltars ist (seit 1737) die Silberstatue des knieenden, bayerischen Kronprinzen Maximilian III. Joseph. Zur linken Seite ist (seit 1931) die ebenfalls aus Silber gefertigte Statue des im Gebet versunkenen Heiligen von Altötting, des Kapuzinerbruders Konrad von Parzham (heiliggesprochen am 20. Mai 1934) zu sehen. Die Wände der Gnadenkapelle sind übersät mit Weihegeschenken und Votivbildern. Die Verbundenheit der bayerischen Geschichte mit Altötting wird dadurch sichtbar, daß viele bayerische Könige testamentarisch verfügten, ihre Herzen mögen in Silberurnen in der unmittelbaren Nähe der Gnadenmutter aufgestellt werden.

Das Gnadenbild von Altötting stammt aus der Frühgotik (Anfang des 14. Jahrhunderts) und ist aus Lindenholz geschnitzt. Es zeigt

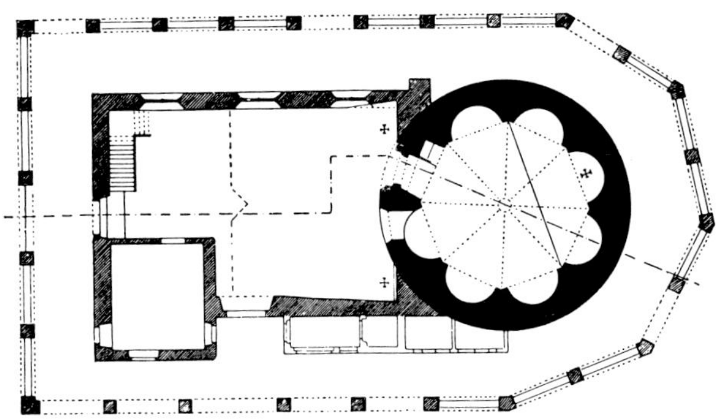

Grundriß der Gnadenkapelle: Karolingischer Rundbau (in dem das Gnadenbild verehrt wird) mit dem gotischen Langhaus und dem Umgang.

Barocker Gnadenaltar (1647–
aus Gold und Silber getr
mit der Statue »Unserer lieben F
der »Schwarzen Muttergottes« von Altö

IUS SANCTI SPONSA
DEI MATER
DEI PATRIS FILIA
DECUS HOMINU TU ORBIS PATROCINIUM

eine stehende Muttergottes, die auf ihrem rechten Arm das Jesuskind trägt. Die 65 cm hohe Figur war, wie heute noch Farbreste bestätigen, ursprünglich auf Kreidegrund bemalt. Unter dem Rauch der brennenden Kerzen hat das Gnadenbild eine dunkle Färbung bekommen, so daß ihr der Name »Schwarze Muttergottes« gegeben wurde. Das hölzerne Gnadenbild ist in kostbare Gewänder (»Gnadenröckl«) gekleidet, so daß vom Jesuskind wie von Maria nur die Gesichter und Hände zu sehen sind.

Seit dem ersten überlieferten Wunder im Jahr 1489 sind in allen Jahrhunderten Pilgerströme nach Altötting gezogen. Auch zwei Päpste haben ihre Anliegen der »Schwarzen Madonna« vorgetragen – Papst Pius VI. (am 25./26. April 1782) und Papst Johannes Paul II. (am 18./19. November 1980). Fast immer wird der Besuch von Altötting verbunden mit einem Weg zur Bruder-Konrad-Kirche, um diesen Kapuzinerheiligen und Verehrer der »Schwarzen Muttergottes«, Bruder Konrad von Parzham, zu grüßen und um auch ihn um seine Fürsprache anzuflehen.

Aus dem Gebet des Papstes Johannes Paul II. beim Gnadenbild in Altötting (am 18. November 1980)

»Dir, Mutter, vertraue ich die Zukunft des Glaubens in diesem alten christlichen Land an; und eingedenk der Bedrängnisse des letzten furchtbaren Krieges, der besonders den Völkern Europas so tiefe Wunden zugefügt hat, vertraue ich Dir den Frieden in der Welt an . . . Dieses Gebet richte ich an Dich, Königin des Friedens und Spiegel der Gerechtigkeit, – ich, Johannes Paul II., Bischof von Rom und Nachfolger des heiligen Petrus – und hinterlasse es an Deiner Gnadenstätte in Altötting zum bleibenden Gedenken.«

Links:
Herzurne für den bayerischen König Ludwig II. (†13. Juni 1886)

Rechts:
Votivtafeln im Umgang der Gnadenkapelle

Oben: Kapellplatz von Altötting mit Gnadenkapelle (Mitte), der doppeltürmigen Stifts- und Pfarrkirche (rechts) mit Tillygruft und Schatzkammer und der Magdalenenkirche mit dem ehemaligen Kongregationssaal der Jesuiten (im Hintergrund der Bildmitte)
Unten: (links) Pilgerkreuze im Umgang der Gnadenkapelle; (rechts) Gesamtbild der Gnadenkapelle mit Rundbau (rechts), Langhaus und Umgang.

Amberg

Bistum Regensburg

Jenseits der Vils erhebt sich über der Stadt Amberg, die mit ihren eindrucksvollen, vier Toren an Kaiser Ludwig den Bayer (1283 bis 1347) erinnert, die barocke Wallfahrtskirche Mariahilf.

Der Beginn der Mariahilf-Verehrung reicht in die Pestnot des Dreißigjährigen Krieges zurück. Es war damals der kurfürstliche Studienrektor und Vorstand des Jesuitenkollegs, Pater Kaspar Hell, der den Bürgern von Amberg riet, sich in ihren Anliegen an Maria, die mächtige Helferin der Christen, zu wenden. Die Bürgerschaft legte daraufhin das feierliche Gelübde ab, auf dem heutigen Mariahilfberg eine Marienkirche zu errichten (eingeweiht am 2. Juli 1654 durch den Regensburger Weihbischof Sebastian Denich).

Die wegen der vielen Wallfahrer zu klein gewordene erste Marienkirche wurde durch die heutige Barockkirche ersetzt (begonnen 1697, vollendet 1704). Als Baumeister ist zu nennen der Franziskanerfrater Philipp Plankh. Die Stuckausstattung stammt von Giovanni Battista Carlone (1702). Kein geringerer als Cosmas Damian Asam hat 1717 das Deckenfresko gemalt, das in fünf Bildern die Geschichte der Wallfahrt darstellt. Die lateinischen Texte dieser fünf Gemälde (beginnend vom Altar aus) weisen jeweils Großbuchstaben auf, die recht zusammengefügt die Jahreszahlen (1634, 1643, 1646, 1711, 1717) der dargestellten Ereignisse angeben.

Wallfahrtskirche Mariahilf bei Amberg/Oberpfalz (Stich aus dem 19. Jahrhundert)

Mariahilf-Bild (Stich aus dem 19. Jahrhundert)

Die Mariahilf-Verehrung in Amberg ist nachweisbar eine Ausstrahlung der gleichnamigen Gnadenstätte in Passau.

In einer geglückten Restaurierung (1971/78) wurde das Gnadenbild vom überwuchernden und verdeckenden Schmuckumhang befreit, so daß es in einer milden Schönheit den Besucher in den Bann zieht und den Pilger zum Gebet einlädt:

Mutter, auf dich hoff' und baue ich!
Mutter, zu dir ruf' und seufze ich!
Mutter, du Gütigste, steh' mir bei!
Mutter, du Mächtigste, Schutz mir leih'!

O Mutter, so komm, hilf beten mir!
O Mutter, so komm, hilf streiten mir!
O Mutter, so komm, hilf leiden mir!
O Mutter, so komm und bleib bei mir!

Die Gnadenstätte vom Amberg ist heute mehr denn je die bedeutendste Wallfahrtsstätte der Oberpfalz.

Andechs

Bistum Augsburg

Südlich von München, in der Nähe des Ammersees, liegt auf dem »Heiligen Berg« die Kloster- und Wallfahrtskirche von Andechs.

Ursprünglich stand auf dieser Bergkuppe die Burg der Grafen von Andechs, die dem fränkisch-bayerischen Geschlecht der Huosi entstammten. Kaum bekannt ist, daß diesem Andechser Grafengeschlecht viele geschichtliche Persönlichkeiten angehören. So sind Geschwister des Herzogs Otto I. von Andechs (†1234) gewesen Agnes, Königin von Frankreich (†1201), Gertrud, Königin von Ungarn (†1213) und Mutter der heiligen Elisabeth von Thüringen (†1231), wie auch die heilige Hedwig, Herzogin von Schlesien und Polen (†1243) und Mechthild, Äbtissin von Kitzingen (†1254). Kaum bekannt ist ferner, daß sich der Machtbereich des Andechser Grafengeschlechts weit über Altbayern und Franken hinaus bis nach Tirol, Istrien, Kroatien und Dalmatien erstreckte. Nicht ohne Grund hat man angesichts der aus dem Andechser Geschlecht stammenden Persönlichkeiten vom »Andechser Heiligenhimmel« gesprochen.

Die aus dem frühen Mittelalter stammende Burgkapelle wurde 1130 erweitert und war damals schon das Ziel vieler Wallfahrer, die nicht nur aus dem bayerischen und schwäbischen Oberland kamen. Welches war aber das Ziel dieser Wallfahrtsströme?

Bereits im 10. Jahrhundert hatte Graf Rasso (†955) kostbare Reliquien aus dem Heiligen Land (Kreuzpartikel, Dornreliquien, Schweißtuch) nach Andechs gebracht. Neben diesen Herrenreliquien waren seit dem 12. Jahrhundert die »Heiligen Drei Hostien« Hauptziel der Wallfahrer und der damaligen Schaufrömmigkeit. Zwei der drei Bluthostien sollen auf Papst Gregor den Großen (†604) zurückgehen und

Kapelle am Weg zur Wallfahrtskirche von Andechs

Der Heilige Berg von Andechs mit Wallfahrtskirche und Klostergebäuden

um 1180 nach Andechs gekommen sein. Neben Weingarten und Walldürn zählt Andechs zu den wichtigsten deutschen Stätten der Blut-Wallfahrt.

In der Heiligen Kapelle, zu der man über die Treppe auf der Nordseite der heutigen Wallfahrtskirche gelangt, sind aus dem »Andechser Schatz« heute noch zu sehen: die Silbermonstranz mit den drei Bluthostien, die in einen Altar hinter einem vergitterten Schrein eingefügt ist. An der rechten Seite dieser Kapelle ist in einem geöffneten Schrank u. a. zu sehen: das sogenannte Elisabethkreuz (um 1400) und auch die »Goldene Rose« (1472 erstmals genannt), die Papst Felix (1440–1449) dem Herzog Albrecht III. verliehen hat.

Im Herbst des Mittelalters rückte mehr und mehr die Marienverehrung in den Mittelpunkt des religiösen Interesses. In dem übereinander gebauten, doppelten Hochaltar der heutigen Wallfahrtskirche steht im oberen Teil das Schnitzbild Maria-Immaculata (von dem aus Weilheim stammenden Künstler Hans Degler aus dem Jahr 1608/09), während im unteren Teil des Hochaltars eine spätgotische, sitzende Madonna mit dem Jesuskind (um 1500 aus der Erasmus-Grasser-Schule) eingefügt ist.

Durch einen nächtlichen Blitzschlag am 3. Mai 1669 brannte die Wallfahrtskirche völlig

Der »Heilige Berg« von Andechs (Stich aus dem 19. Jahrhundert).

Spätgotische Madonna mit Jesuskind (im unteren Teil des zweigeschoßigen Hochaltars)

aus. Wenige Jahre später (1675) konnte der Wiederaufbau abgeschlossen werden, wohl auch deshalb, weil Interesse und Zustrom der Wallfahrer immer größer wurden. Im Gesamtbereich der deutschen Wallfahrtsorte gibt es kaum eine Stätte, die eine solch unterschiedliche Kombination verehrungswürdiger Heiligtümer besitzt wie Andechs: Herren- und Kreuzreliquien – Dreihostienmonstranz (auch das »Heilige Sakrament Gregors« genannt) – Maria, sündenlose Jungfrau und Mutter Jesu. Neben Aachen und Trier gehörte der Andechser »Heilige Schatz« zu den drei größten deutschen Reliquienschätzen.

Einen Überblick über die Fülle der Heiligtümer bietet der Katalog »Der Schatz vom Heiligen Berg Andechs« (Andechs 1967). Das Innere der heutigen Kloster- und Wallfahrtskirche, die in ihrem Äußeren die gotische Grundstruktur nicht verleugnen kann, ist ein

Juwel der bayerischen Rokokokunst: Stuck und Fresken von Johann Baptist Zimmermann (†1758), Bruder des Erbauers der Wieskirche bei Steingaden, Dominikus Zimmermann (†1766).

Wer die Wallfahrtskirche von Andechs an einem stillen Tag und ohne den Touristenrummel erleben kann, wird zuallererst schauen, staunen und sich von der Licht- und Farbenfülle faszinieren lassen. Dann ist er eingestimmt, um einen Zugang zu jener Herzensfrömmigkeit zu finden, die sich in der Kunst des Rokoko ausgejubelt hat. Mancher Kunstbeflissene wird in der Schmerzhaften Kapelle (gegenüber dem Haupteingang) die Grabstätte des am 29. März 1982 verstorbenen Komponisten Carl Orff aufsuchen, der gerade durch sein Opus »Die Bernauerin, ein bairisches Stück« (gewidmet Professor Kurt Huber) mit der Wallfahrtskirche Andechs sich besonders verbunden fühlte. In der unter der Kirche liegenden Gruft ist der Sarg jenes Albrecht III. (†1460) eingemauert, dessen aus dynastischen Gründen illegitime Frau, Agnes Bernauer aus Augsburg, am 12. Oktober 1435 auf Befehl von Albrechts Vater bei Straubing in der Donau ertränkt wurde. Es ist sicherlich kein Zufall, wenn in der Schlußapotheose der »Bernauerin« das Andechser Gnadenbild, eine thronende Muttergottes auf der Mondsichel, aufscheint.

Andechs ist mehr als eine Erinnerung an den Glauben vergangener Zeiten. Andechs bleibt gerade mit den unterschiedlichen Schichtungen seiner Heiligtümer ein Wallfahrtsort, der die eine Gruppe von Pilgern zur Gottesmutter, andere wiederum zur Anbetung des Gekreuzigten oder zur Verehrung Christi im Altarsakrament kommen läßt.

So mancher, der nur kurze Zeit in der Wallfahrtskirche, eine überlange Zeit aber im Klosterbräustüberl sitzt und sich das köstliche Andechser Bier schmecken läßt, steht durchaus in der Tradition einer Wallfahrt nach Andechs, denn Leib und Seele, Gebet zu Gott und frohe Geselligkeit mit Gleichgesinnten gehören zusammen.

Bergheim

Erzbistum Köln

In jener tiefreligiösen Epoche des 15. Jahrhunderts, in der die Christen in Maria die verständnisvolle und tröstende Schmerzensmutter suchten, war ein Hostienfrevel die Ursache, an der Stelle, wo die heiligen Hostien gefunden wurden, ein Kreuz mit einem Marienbild zu errichten. Sehr bald kam es wegen der zahlreichen Pilger zur Erbauung einer Kapelle, der der Name »Betlehem« (= Haus des Brotes) gegeben wurde.

Infolge mancherlei Kriegswirren konnte erst im 17. Jahrhundert eine größere Wallfahrtskirche erbaut werden, die mit einem Franziskanerkloster verbunden und erst 1665 konsekriert wurde. Ein eindrucksvoller Kreuzweg verband den benachbarten Ort Bergheim an der Erft (etwa 20 km westlich von Köln) mit der Wallfahrtskirche Betlehem. In immer neuen Kriegen wurde die Bevölkerung bald von Schweden, bald von Franzosen und Holländern bedrängt. Wer durch das Schwert nicht umkam, fiel meist der Pest zum Opfer. In diesen Zeiten der Not und der Ausweglosigkeit zogen immer größere Bittprozessionen zum Gnadenbild in Betlehem.

Die Auswirkungen der Französischen Revolution und schließlich die Säkularisation führten am 2. Juli 1802 zur Schließung des Klosters und auch der Wallfahrtskirche. Es darf als gütige Fügung Gottes angesehen werden, daß das alte Gnadenbild der Schmerzhaften Mutter gerettet und in der Pfarrkirche St. Remigius zu Bergheim aufgestellt werden konnte. Von der alten, bereits 1175 geweihten Kirche sind erhalten und in den heutigen Kirchenbau einbezogen der romanische Chor, das Querhaus und die beiden, den Chor flankierenden schmalen Türme.

Gnadenbild der Schmerzhaften Mutter Gottes (Bergheim)

Außenansicht der Pfarrkirche St. Remigius in Bergheim

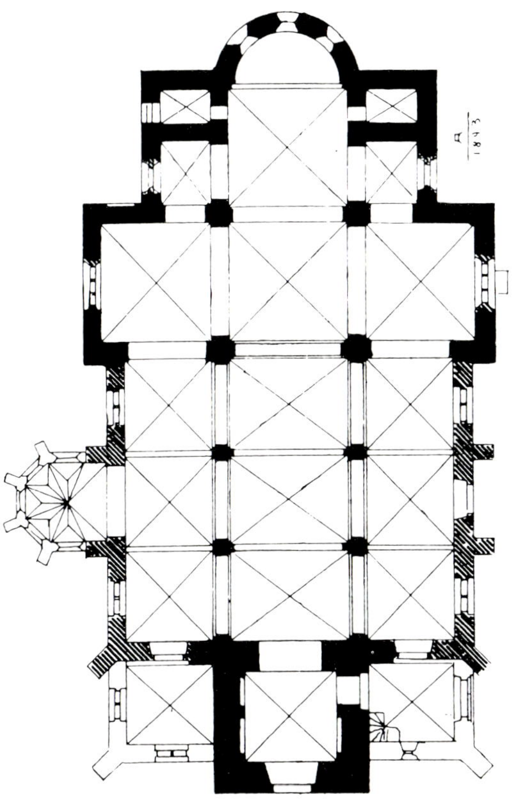

Grundriß der Pfarrkirche St. Remigius in Bergheim

Das Gnadenbild wurde zunächst auf dem Hochaltar, später auf einem Altar einer Marienkapelle, die im mittleren Joch des nördlichen Seitenschiffs angebaut wurde, zur Verehrung ausgesetzt. Es handelt sich um ein Schnitzwerk aus Eichenholz (um 1480), das deshalb ein außergewöhnliches Vesperbild ist, weil es den toten Jesus mit schmerzverzerrtem Gesicht nicht auf dem Schoß, sondern herabgesunken zu den Füßen der Schmerzensmutter liegend zeigt. Ein seltenes und ergreifendes Bild der Marienklage, die betend den Sinn des schrecklichen Endes ihres Sohnes zu erahnen beginnt. Ursprünglich hat dieses Gnadenbild schwarze Farbe getragen. Erst 1873 wurde es farbig gefaßt.

Mit der Bitte: Rett' uns vor der Pest, Madonna! kamen vor Jahrhunderten die Pilger zu diesem Marienbild. Es gibt in unserem Jahrhundert gewiß andere, nicht minder dringliche Anliegen des Einzelchristen, der Familien, unseres Volkes, der Kirche und der Menschheit, die der Schmerzhaften Mutter von Bergheim vorgetragen werden.

Bethen

Bistum Münster

Christus, laß bei meinem Sterben
mich mit deiner Mutter erben
Sieg und Preis nach letztem Streit.
Wenn der Leib dann sinkt zur Erde,
gib mir, daß ich teilhaft werde
deiner selgen Herrlichkeit.«

(Jacopone da Todi,
vor 1306 »Stabat mater«)

Im oldenburgischen Land liegt der Marien-Wallfahrtsort Bethen. Seit mehr als 300 Jahren ziehen alljährlich zum Fest Mariä Geburt am 8. September (oder am folgenden Sonntag) Wallfahrer dorthin gemäß einer Stiftung des Münsteraner Fürstbischofs Christoph Bernhard von Galen (1650–1678).

Nach dem Ersten Weltkrieg wurde gegenüber dem Marienheiligtum eine Friedenskirche zum Gedenken an die Gefallenen durch die Initiative katholischer Laien erbaut und am 15. September 1929 durch den damaligen Bischof von Münster, Johann Poggenburg, konsekriert.

Bereits seit 1448 ist das Gnadenbild der Schmerzhaften Gottesmutter Ziel unzähliger Wallfahrten. Während der beiden Weltkriege des 20. Jahrhunderts sind viele Frauen und Mütter nach Bethen gepilgert um ihre Sorgen Maria vorzulegen oder um sich im Leid über gefallene Väter und Söhne durch die Schmerzensmutter Maria aufrichten zu lassen. In der Krypta der Wallfahrtsbasilika sind in endlosen Reihen die Namen der Gefallenen verzeichnet.

Die leidgeprüften Christen wußten sich verstanden von jener Frau, die selbst als mater dolorosa unter dem Kreuz ihres Sohnes übergroßes Leid erfahren und durchlitten hat.

»Christi Mutter stand mit Schmerzen
bei dem Kreuz und weint' von Herzen,
als ihr lieber Sohn da hing.
Durch die Seele voller Trauer,
schneidend unter Todesschauer
jetzt das Schwert des Leidens ging.
...

Der Marienwallfahrtsort Bethen ist in schwerer Zeit unseres deutschen Volkes durch eine Ansprache berühmt geworden, die dort im August 1934 der Bischof von Münster, Clemens August Graf von Calen († 22. März 1946) vor mehr als 20000 Männern über die Gefahren der NS-Weltanschauung gehalten hat. Ein mutiges Zeichen des christlichen Widerstandes setzten im November 1936 über 3000 ehemalige Soldaten, die gegen den Erlaß des oldenburgischen Schulministers, der die Entfernung der Kreuze aus den Schulzimmern anordnete, öffentlich protestierten. Von der damaligen Soldatenwallfahrt nach Bethen ging eine so mächtige Protestbewegung aus, daß nach einer knappen Woche bereits der »Kruzifix-Erlaß« wieder rückgängig gemacht werden mußte. Mit Recht sprechen heutige Historiker vom »Soldatenprotest von Bethen«.

Die Wallfahrt nach Bethen erinnert den Christen von heute daran, daß nicht nur in Epochen der Kirchenfeindschaft, sondern auch in der demokratisch-pluralistischen Gesellschaft von jedem Christen Wachsamkeit, Mitsorge und Mitverantwortung in hohem Maße abverlangt werden. Immer stärker wird gegenwärtig gerade in Bethen,wo man im Angesicht der Schmerzensmutter Maria der Toten der beiden Weltkriege gedenkt, das Gebetsanliegen um den wahren und dauerhaften Frieden. Anläßlich der traditionellen Wallfahrt 1982 sprach der Bischof von Münster Reinhard Lettmann an die versammelten Wallfahrer die Aufforderung aus: »In unserer Sehnsucht nach Frieden wollen wir die Mutter des Herrn um ihre Fürsprache bitten!«

Beuron

Erzbistum Freiburg

Das um 1077 gegründete Augustiner-Chorherrn-Stift in Beuron wurde nach einem segensreichen Wirken im Zug der Säkularisation 1803 aufgehoben. Auf Grund einer Schenkung der Fürstinwitwe Katharina von Hohenzollern (†1893) kam es in den Besitz der Benediktiner und wurde 1868 zur Abtei erhoben. Beuron wurde zum Mutterkloster der Beuroner Kongregation, die eine außergewöhnliche Ausstrahlung in viele europäische und außereuropäische Länder hatte.

Bekannt wurde Kloster Beuron vor allem auf liturgischem Gebiet durch Pater Anselm Schott (†1896), der 1883 erstmals sein lateinisch-deutsches »Meßbuch der heiligen Kirche« herausgab und damit einen entscheidenden Impuls der Liturgischen Bewegung im gesamten deutschsprachigen Raum gegeben hat. Auf künstlerischem Gebiet wurde Beuron durch Pater Desiderius Lenz (†1928) bekannt, der durch die sogenannte Beuroner Schule eine Erneuerung der kirchlichen Kunst anstrebte.

Ein altes Gnadenbild aus dem 15. Jahrhundert hat auf dem Hochaltar der Gnadenkapelle, die an der Nordseite der Abteikirche 1898 angebaut und in der typischen Beuroner Formsprache ausgestattet wurde, seinen Platz gefunden. Inmitten einer Kunst, in der man um die Jahrhundertwende einen Aufbruch symbolisch-mystischen Gestaltens erblickte, spricht das alte, gut gefaßte Vesperbild, das die Schmerzensmutter Maria mit dem toten Sohn

Rechts oben:
Inneres der Beuroner Klosterkirche

Rechts unten:
Gnadenkapelle mit Gnadenaltar in der Klosterkirche von Beuron

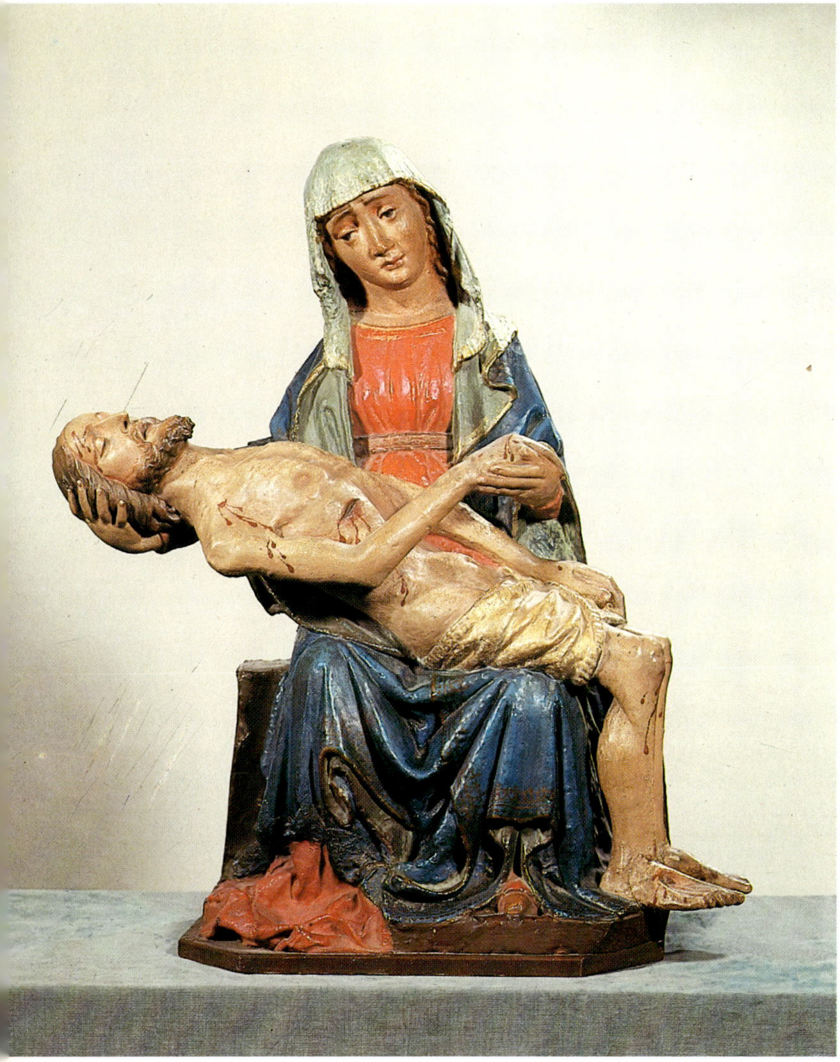

Gnadenbild von Beuron

auf ihrem Schoß zeigt, außerordentlich nachhaltig und kontrastierend an. Es sind weit über 100000 Pilger, zu denen noch unzählige Teilnehmer der in Beuron abgehaltenen Exerzitien, Wochenende, Jugendseminare und Fortbildungstagungen zuzuzählen sind, die vor dem eindrucksvollen Gnadenbild der Vergangenheit beten und jenen Rahmen übersehen, den die Kunstbemühungen unserer Zeit geschaffen haben. Schmerzensmutter von Beuron, erbitte unserer Zeit die Gnade, dem Heilsmysterium deines göttlichen Sohnes mit tiefer Ehrfurcht begegnen und das »Geheimnis des Glaubens« würdig mitfeiern zu können!

Birkenstein

Erzbistum München und Freising

Man muß den Weg über Fischbachau oder über Bayrischzell kennen, um in einer großartigen Gebirgslandschaft am Fuß des 1841 m hohen Wendelstein das Wallfahrtskirchlein Birkenstein mit dunklem Schindeldach und einem schmucken Barocktürmchen zu finden. Dieses Marienheiligtum ist gebaut nach dem Haus von Loreto und wird deshalb auch »Lauretanische Kapelle« bezeichnet.

Das doppelgeschoßige Kirchlein ist im oberen Teil durch einen Laubenumgang mit breitem Vordach umgeben, zu dem an der Stirnseite Freitreppen hinaufführen. In dem Laubenumgang ist auf acht Bildern die Entstehung der Wallfahrt geschildert. Es wird darin berichtet, daß dem Pfarrvikar Johann Maier aus Fischbachau 1673 im Traum Maria erschienen sei und den Wunsch äußerte: »Hier an diesem Ort will ich denen, die mich verehren, meine Hilfe mitteilen«. Nachdem noch im gleichen Jahr eine kleine Kapelle »beim Birkenstein« errichtet und diese 1692 erweitert wurde, konnte der Grundstein der heutigen Marienkirche 1710 gelegt werden. Nach einer Brandkatastrophe (1735) wurde am 5. August 1786 durch den Fürstbischof Ludwig Joseph von Freising die heutige Kirche in ihrer bayerisch-barocken Pracht eingeweiht.

Der Innenraum dieser Marienkapelle ist klein. Man hat der Gottesmutter eine gemütliche und heimelige Wohnstube gebaut, in der man sich wohl fühlt. Hier kann das überraschte Schauen ganz unmerklich zum Gebet übergehen. Das Auge muß sich langsam an die überreiche Fülle der Votivtafeln und der Statuen gewöhnen, um schließlich auf dem barocken, in die Tiefe gestaffelten Bühnenaltar

Doppelgeschoßiges Wallfahrtskirchlein Birkens
mit Laubenumgang und Freitrep

Oben: Votivtafel aus dem Laubenumgang der Wallfahrtskirche

Links: Marienbild, eingefügt in einen Birkenstamm, am Pilgerweg

inmitten von bewegten und lustigen Engelscharen (92 Engelfiguren!) das gotische Gnadenbild (15. Jahrhundert) zu erkennen: Maria, die gekrönte Himmelskönigin, auf ihrem linken Arm das Jesuskind mit der Weltkugel, in ihrer rechten Hand das Zepter ihrer milden Herrschaft.

Mit welcher familären Vertrautheit sich die Pilger an dieser Stätte an Maria wenden, ist aus dem Lied herauszuhören, das an marianischen Festtagen oder auch bei kirchlichen Trauungen hier gesungen wird:

»Mit den Pilgern knie dich nieder
Vor der Mutter lieb und rein!
Hab' Erbarmen mit uns Armen
Madonna du von Birkenstein!«

Hochaltar mit dem Gnadenbild
»Hohen Frau von Birkenstei
das früher in der ehemaligen Klosterkir
von Fischbachau st

Blaubeuren

Bistum Rottenburg-Stuttgart

Etwa 20 km westlich von Ulm an der Bundesstraße 28 liegt Blaubeuren mit seiner berühmten Kloster- und Wallfahrtskirche. 1175 hieß dieser Ort »Blabiuron«. Der Name hat seine Herkunft von dem Fluß Blau, der aus dem 20 m tiefen »Blautopf« strömt und der Donau zufließt. Die Wallfahrtskirche ist auf romanischem Grundriß errichtet und wird als spätgotisches Meisterwerk gerühmt.

An dem 1493 geweihten Hochaltar haben Gregor Erhart die Plastiken, Bartholomäus Zeitblom und Bernhard Strigel die Tafelmalereien und Jörg Syrlin d. J. das Zier- und Schnitzwerk gefertigt. Georg Dehio, Altmeister der deutschen Kunstgeschichtsschreibung (1850–1932), steht nicht an zu sagen, dieser

Maria hilf!
Maria hat geholfen!

Neugotisches Mariendenkmal am Pilgerweg

Hochaltar biete »das Vollkommenste, was die schwäbische Kunst in dieser Gattung hervorgebracht hat«.

Im Zentrum dieses Meisterwerks ist eine farbig gefaßte Schnitzfigur, Maria auf einer Mondsichel, zu sehen. Es zeugt von der mitgestaltenden und sich ausdrückenden, schwäbischen Herzlichkeit, wenn das Jesuskind in seiner Hand einen angebissenen Apfel hält und damit die Köstlichkeit des schwäbischen Obstes ausdrücken möchte.

Das ehemalige Klostergebäude beherbergt heute ein evangelisch-theologisches Seminar. Die Klosterkirche ist seit 800 Jahren Stätte der schwäbisch-katholischen Marienverehrung geblieben. Die seit dem 2. Weltkrieg wachsenden Pilgerzahlen machen deutlich, daß die Gottesmutter von Blaubeuren im Herzen der katholischen Schwaben als Fürbitterin und Helferin eine Ehrenplatz behalten hat.

Bornhofen

Bistum Limburg

In geradezu romantischer Lage grüßt der Wallfahrtsort Bornhofen alljährlich Tausende von Menschen, die zu Schiff, mit der Bahn, mit dem Fahrzeug oder auch zu Fuß unweit des vielbesungenen Loreley-Felsens in der Nähe der beiden rechtsrheinischen Burgen Sterrenberg und Liebenstein vorbeikommen. Bornhofen (= Burginhoven, Burgenhofen) ist bereits im 12. Jahrhundert urkundlich bezeugt. Schon im Hochmittelalter stand hier eine Kapelle »Unserer Lieben Frau« mit einem »wundertätigen Bild« der schmerzhaften Gottesmutter mit ihrem toten Sohn. Bornhofen (1224 ist erstmals der Wallfahrtsort genannt) zählt daher zu den ältesten Marienwallfahrtsorten Deutschlands.

1435 wurde die heute noch stehenden Wallfahrtskirche vollendet. Jedoch erst 1780 wurde der jetzige Marmorhochaltar errichtet. Wie viele andere Klöster und Wallfahrtsstätten mußte auch Bornhofen die Schrecken der Säkularisation erfahren. Nach der Feier des Gottesdienstes am 12. Februar 1813 wurde die Wallfahrtskirche geschlossen und zum Abbruch bestimmt. Um wenigstens das Gnadenbild in der verschlossenen Kirche sehen zu können, brachen damals Pilger eine Öffnung in die Kirchenmauer. Nach neunjähriger Unterbrechung konnte am 6. Mai 1821 der erste Dankgottesdienst in der Wallfahrtskirche Bornhofen gefeiert werden.

Für die immer größer werdenden Pilgerscharen mußte nach dem Zweiten Weltkrieg neben der Gnadenkapelle eine neue Pilgerkirche errichtet werden (eingeweiht am 3. Mai 1970). Mit spürbarem und durchaus berechtigtem Stolz meldet das Pilgerbuch (1978): »Was sonst kein Wallfahrtsort in Deutschland aufzu-

Bornhofen am Rhein – auf den Höhen Schloß Sterrenberg und Liebenstein

Gnadenbild in der Wallfahrtskirche Bornhofen

Gnadenbild von Bornhofen (15. Jahrhundert)

Papiermosaik im Franziskanerkloster Bornhofen (erstellt zum 750. Todesjahr des heiligen Franziskus von Assisi, 1976)

weisen hat, sind die Schiffsprozessionen nach Bornhofen... Eigens für die Schiffsprozession hat der Dichter Guido Görres (der Sohn des berühmten Publizisten Joseph von Görres 1776–1848) das weit über unsere deutsche Heimat hinaus bekannte Wallfahrtslied geschrieben:

»Geleite durch die Wellen
das Schifflein treu und mild
zur heiligen Kapelle,
zu deinem Gnadenbild.
Und hilf uns in den Stürmen,
wenn auch die Wogen türmen,
Maria, Maria, o Maria, hilf!«

Das gekrönte Gnadenbild in der Wallfahrtskirche Bornhofen ist eine Pietà (zweite Hälfte des 15. Jahrhunderts). Bornhofen, das »Altötting am Rhein«, ist über die Jahrhunderte und über die unterschiedlichen Nöte hinweg Stätte des Gebetes und der Gnade geblieben wie die etwa 200000 Pilger bezeugen, die alljährlich aus fast allen deutschen Diözesen und den angrenzenden Ländern zur Mutter des Herrn kommen.

Deggendorf

Bistum Regensburg

Wer heute von der »Deggendorfer Gnad« spricht, sieht sich einer doppelten Schwierigkeit ausgesetzt. Es ist nicht leicht, dem Christen gerade der deutschen Heimat die Motive sowohl des Ursprungs wie der heutigen Gebetsintention dieser Wallfahrtsstätte nahezubringen.

Es muß, wenn man die verschiedenen Dokumente (z. B. das Breve Chronicon Bavariae), in denen bereits ein kaum entwirrbares Geflecht von Geschichte, Legenden und Geschichten vorliegt, Glauben schenken kann, der 30. September 1337 gewesen, an dem in Deggendorf Juden wegen Hostienfrevel verurteilt und getötet worden sind. Auf Grund anderer Berichte könnte es aber auch sein, daß die Ursache der Judenmorde in Deggendorf eine gewaltsame Auflehnung einzelner Bürger gegen die hohe Zinslast gewesen sei, die sie den Juden zu zahlen hatten (im benachbarten Österreich lag im Jahr 1276 der jährliche Zinssatz bei 87%). Zur Erinnerung an die Verschwörer, die kurz vor dem Zinstag mit ihrem Anführer, dem herzoglichen Pfleger Hartwig von Degenberg, die Untat abgesprochen hatten, stand in Schaching (auf dem Schachinger Dorfplatz, außerhalb der alten Stadtmauer von Deggendorf) bis zum 30. September 1968 eine »Schwursäule« aus Granit; sie hatte vorher ihren Platz auf dem offiziellen Hinrichtungsplatz.

Es ist nicht mit letzter Sicherheit auszumachen, ob der Name »Gnad« ursprünglich mit gewährten Ablässen zu tun hat oder ob nach fast einjähriger Verstimmung der zuständige Herzog Heinrich XIV. den Bewohnern von Deggendorf wieder seine Huld (»Gnad«) gewährt hat.

Geschichtliche Tatsache hingegen ist es, daß schon sehr bald nach dem Geschehnis des Jahres 1337 über der Gruft, wo die geschändeten Hostien gefunden wurden, eine Sühnekirche (»Grabkirche«) errichtet wurde, die bereits 1361 als »Fronleichnamskapelle« allgemein bekannt war. Im Laufe der Jahrhunderte ist diese Kirche zu einer eucharistischen Wallfahrtsstätte der Diözese Regensburg geworden. Romuald Bauerreiß OSB, Verfasser einer großartigen Kirchengeschichte Bayerns, hat 1968 aufgefordert: »Machen wir die Gnadenkirche zu einer Sühnekirche, zur Sühne für das, was Menschen und die Geschichte an Juden gesündigt, aber auch für das, was wir der Hl. Eucharistie an schuldiger Verehrung vorenthalten haben«.

Dem Christen des 20. Jahrhunderts ist wohl deshalb der Zugang zur »Deggendorfer Gnad« erheblich erschwert, weil er mit Scham von Judenpogromen und Judenvergasungen in der allzu nahen Geschichte weiß. Die Erinnerung an Auschwitz, »das Golgotha der modernen Welt« (Papst Johannes Paul II.), und an andere Stätten des Unrechts steckt wie ein unerträglich schmerzlicher Stachel im Geschichtsbewußtsein und im Selbstverständnis des deutschen Volkes.

In der Sühnekirche »Zum heiligen Grab« (Filialkirche der Pfarrei Mariä Himmelfahrt) ist auch die sogenannte Gnadenpforte, durch die die Pilger betend einziehen. Man kann sich heute kaum vorstellen, welche Anziehungskraft und Faszination von dieser Kirche in Deggendorf ausstrahlte und immer noch ausstrahlt. »Wenige Wallfahrten in der katholischen Welt können sich in der Zahl der Ablässe mit der Grabkapelle in Deggendorf messen« (Josef Pommer), so daß im Volk mit Recht das Wort von der »Deggendorfer Gnad« umging.

Wie immer auch die geschichtlichen Hintergründe und Ursachen gewesen sein mögen, gerade unsere Zeit sollte sich dem Anliegen der Sühne für begangenes Unrecht und gleichzeitig dem Anliegen der eucharistischen Anbetung wieder neu öffnen. Der Weg zur wahren und dauerhaften Versöhnung und Gemeinschaft der Völker wird nicht durch gegenseitiges Vorrechnen der Schuld beschritten, noch können Menschenleben finanziell »wiedergutgemacht« werden. Zu allen Zeit tut es not, vor dem eucharistischen Christus zu knien und zu sühnen, was an vielfältiger Verunehrung Gottes in Wort und Tat und an böswilliger Mißachtung der Menschenwürde – auch durch Christen und unter Christen geschehen ist. Herr, erbarme dich unser und schenke der ganzen Welt Versöhnung und Frieden!

Verehrung des heiligen Herzens Jesu: unter dem von vier Engeln gehaltenen Wappen des Gekreuzigten knien (von links nach rechts) der heilige Sebastian mit den Pfeilen, Maria, der Apostel Johannes mit den Buch der Geheimen Offenbarung und der heilige Rochus, einer der vierzehn Nothelfer (Holzschnitt von Lucas Cranach d. Ä., 1505)

Donauwörth

Bistum Augsburg

Im hohen Mittelalter ging von Kreuzreliquien eine außergewöhnlich große Anziehungskraft aus, so daß mit Recht gesagt werden konnte, der Kreuzpartikel sei der eigentliche Stadtgründer von Donauwörth. Graf Mangold I. von Werd (Donau-Wörth) hat eine mit Gold und Edelsteinen reichverzierte Partikeltafel, in die Stücke von jenem Kreuz, das durch Kaiserin Helena in Jerusalem aufgefunden wurde, aus der Hand des byzantinischen Kaisers Konstantin VIII. (976–1028) in Konstantinopel erhalten und 1029 in seine Burg Mangoldstein (nördlich der heutigen Stadt Donauwörth) gebracht.

Nach verschiedenen Kirchenbauten der romanischen und gotischen Epoche wurde zu Beginn des 18. Jahrhunderts die heutige Kirche Heiligkreuz errichtet und in diesen Neubau auch eine ältere Gruftkapelle einbezogen. In dieser heutigen Gruftkapelle ist auf dem linken Altar in einer prachtvollen Barockmonstranz (1716) der Kreuzpartikel zur Verehrung ausgesetzt. Diese Kreuzreliquie in Form eines griechischen Kreuzes mit Fußbalken ist in die Vorderseite einer mit vergoldetem Silberblech (11. Jahrhundert) beschlagenen Holztafel (175 x 135 mm) eingefügt und durch zwei Silberspangen festgehalten. In den vier Ecken der Kreuztafel sind silberne Türchen angebracht, hinter denen in Vertiefungen Reliquien ruhen.

Es ließe sich ein Stück deutscher Geschichte ausbreiten, wollte man berichten, wer nach Donauwörth zur Kreuzverehrung gekommen ist. Kaiser Friedrich Barbarossa (1152/90) weilte mehrmals in Werd. König Albrecht I. (1298–1308) bezeichnete 1300 den Kreuzpartikel von Donauwörth als das größte Heiligtum seines Landes. Von Kaiser Sigismund (1410/37), der 1418 hier betete, ist der Ausspruch überliefert: »Nun wissen wir wahrlich und

Außenansicht der Wallfahrtskirche Heiligkreuz in Donauwörth

Kreuzartikel, eingefügt in die von Kaiser Maximilian I. gestiftete (1512) Kaisermonstranz (Gruftkapelle)

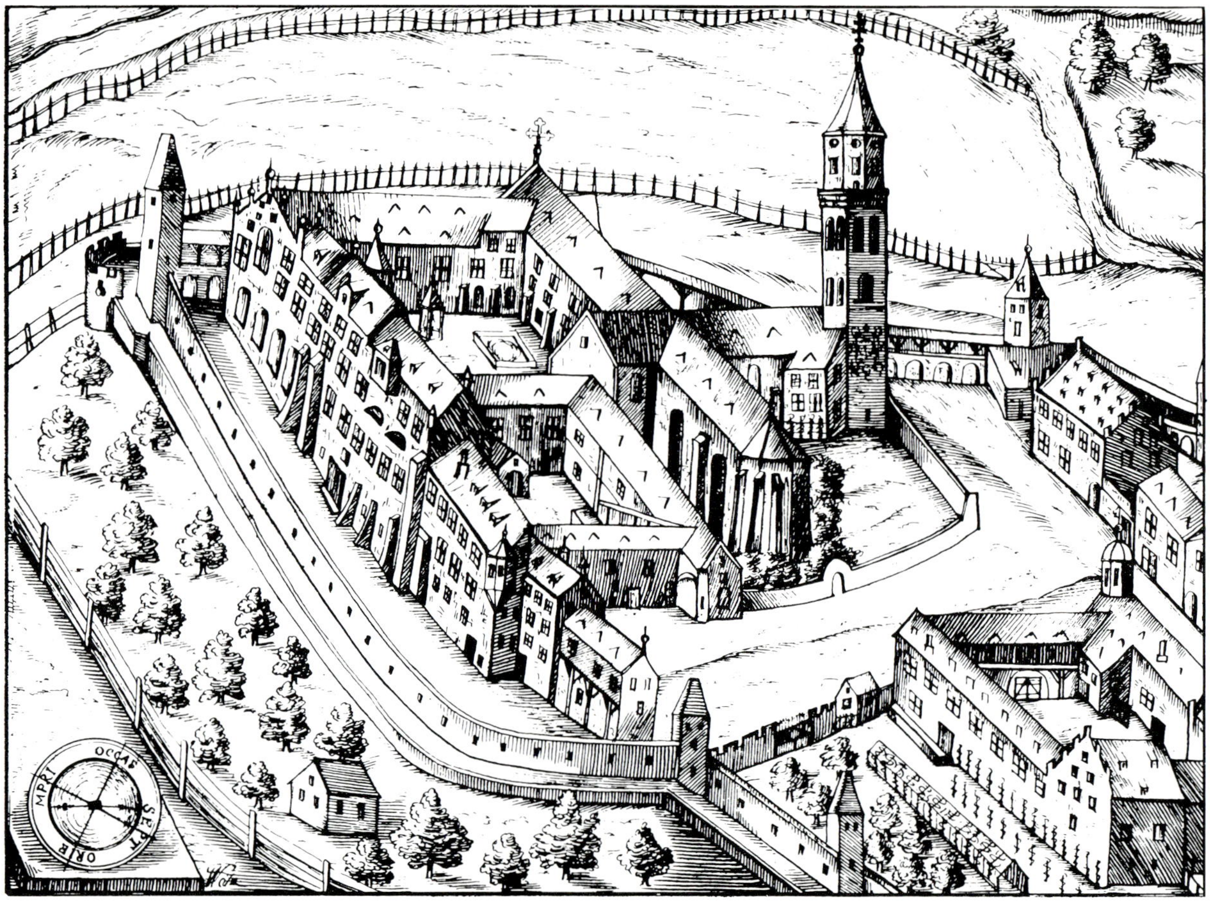

Klosteranlage und Wallfahrtskirche Heiligkreuz im Jahr 1619

Pieta (um 1500) in der Gruftkapelle der Wallfahrtskirche Heiligkreuz

ohne Zweifel, daß wir das wahre Kreuz Christi im Römischen Reiche haben«. Wiederholt versuchte man (1312 und auch 1402), die kostbare Kreuzreliquie zu rauben. Mehrmals war Kaiser Maximilian I. (1493–1519), der letzte Ritter, in Donauwörth. Er stiftete 1512 die große, spätgotische »Kaisermonstranz« zur Aufnahme der Partikeltafel. Selbst Kaiser Napoleon wohnte 1805 und nochmals 1809 in den Räumen der damals bereits säkularisierten Prälatur, sicherlich nicht als Verehrer des heiligen Kreuzes.

Es war der rührige und kunstverständige Benediktinerabt Amandus Röls (1691–1748), dessen Grab sich in der Gruftkapelle vor dem Kreuzaltar befindet, und sein hochbegabter Baumeister Joseph Schmuzer (1683–1752) aus Wessobrunn, der die heutige Barockkirche Heiligkreuz als Wandpfeileranlage mit Emporen errichten ließ (1741 eingeweiht). Auch Kloster und Wallfahrtskirche Heiligkreuz mußten die Bitternis der Säkularisation über sich ergehen lassen. Am 31. Dezember 1802, so berichtet der letzte Abt Coelestin von Königsdorfer (1794–1840) in seiner Klostergeschichte, wurde der letzte Abendgottesdienst gehalten.

Wenn die Wallfahrtskirche Heiligkreuz heute noch steht und wieder zu einer Stätte des Gebetes geworden ist, dann ist dies dem Volksschullehrer Ludwig Auer († 28. Dezember 1914) zu verdanken, der 1878 das baufällige, ehemalige Kloster wie auch die Heiligkreuz-Kirche kaufte (seit 1935 betreut durch Herz-Jesu-Missionare). Unter dem Segen des Kreuzes wirken seither im Schatten der Heiligkreuz-Kirche der Verlag Ludwig Auer und die Pädogogische Stiftung Cassianeum. Der Ehre Gottes und der Verherrlichung des gekreuzigten und auferstandenen Herrn zu dienen, dem christlichen Volk eine würdige Stätte des Gebetes, des Gottesdienstes und der Kreuzverehrung zu schenken, ist ansporneildes Motiv der Heiligkreuz-Kirche in Donauwörth in der Vergangenheit gewesen und in den vielfältigen verlegerischen und katechetisch-religionspädagogischen Aktivitäten im Dienste der Kirche und ihrer Verkündigung auch in der Gegenwart geblieben. Sei gegrüßt, heiliges Kreuz, Zeichen der Gnade und der Tröstung, des Friedens und der Zukunft!

Dorfen

Erzbistum München und Freising

Von Dorfen (im Landkreis Erding) mit seiner Marktkirche St. Veit führt eine alte Wallfahrtstreppe mit 150 Stufen (= 3 Rosenkränze), auch »Stepfen« genannt, hinauf zur Marien-Wallfahrtskirche auf dem Rupertusberg. Nach alter Überlieferung hat der heilige Rupert auf seinen Missionsreisen im bayerischen Land wiederholt auf dem Kirchberg zu Dorfen (erstmals 773 in einer Schenkungsurkunde des Hochstifts Freising erwähnt) sich aufgehalten, so daß dieser Hügel den Namen »Rupertusberg« erhielt. Im Spätmittelalter wurde auf dem Rupertusberg eine gotische Kirche errichtet, in der ein spätgotisches Marienbild sich großer Verehrung erfreute. Viele Pilger, die nach Altötting zogen, versäumten es nicht, auch in Maria Dorfen Halt zu machen.

Im 18. Jahrhundert wird die Marienkirche von Dorfen als eine der meistbesuchten Wallfahrtskirchen in Süddeutschland gerühmt. In der ersten Hälfte des 18. Jahrhunderts – man vergegenwärtige sich jene Zeit der Aufklärung, in der man, wie es der deutsche Philosoph Immanuel Kant (1724–1804) formulierte, wissenschaftlich nur »Religion innerhalb der Grenzen der bloßen Vernunft« gelten ließ – kamen fast 4 Millionen Pilger nach Dorfen. Zu den prominenten Pilgern der damaligen Zeit gehörten der bayerische Kurfürst Max Emmanuel (1679–1775) am 15. August 1719, der Freisinger Fürstbischof Johannes Franz Ecker von Kapfing und Lichteneck (1695–1727) am 2. Oktober 1719 und am 12. Dezember 1721 der damalige Kurprinz und spätere Kurfürst und römische Kaiser Karl Albert (1726/45).

Der neue Gnadenaltar mit dem alten Gnadenbild

Welche Bedeutung Dorfen in der Geschichte des Bistums Freising hatte, geht allein daraus hervor, daß neben der Wallfahrtskirche 1775 ein Diözesan-Priesterseminar errichtet wurde, das 1804 mit dem Seminar in Landshut vereinigt wurde. In der Zeit der Hochblüte der marianischen Wallfahrten trat man an die Brüder Asam heran, für das wundertätige Gnadenbild in einem neuen Hochaltar einen erhöhten Thronsitz zu erstellen (Entwurfzeichnung von Kosmas Damian Asam 1729). Gleichzeitig sollte das gesamte Chorgewölbe neu stuckiert werden. Nach Gewölbeeinstürzen beim Südportal und im Chor (1782) kam es zur Erbauung der heutigen Wallfahrtskirche (1782/90).

Leider kam es 1868 zum Abbruch des Asam'schen Hochaltars. Er wurde durch einen neuromanischen Baldachinaltar mit eklektizistischem Dekor ersetzt. Es war jene Kunstepoche, die von der Barockkunst abwertend als »Zopfstil« gesprochen hat und in Ermangelung eigenschöpferischer Intuitionen sich in neuromanischen bzw. neugotischen Imitationen aussprach. Kühn war das Unterfangen (1963/71) des Dorfener Stadtpfarrers Hermann Eigner, zugleich mit der Renovierung der Wallfahrtskirche auch an die Wiedererrichtung des 1868 zerstörten Hochaltars heranzugehen. Es war ein »wagnisreicher Weg«, wie es Dr. Erwin Schleich (Oberleitung der Renovierung) aussprach, nicht einen modernen Altar zu schaffen, sondern zunächst das Gotteshaus von den unpassenden Zutaten des 19. Jahrhunderts zu befreien um dann nach vorhandenen Unterlagen eine Rekonstruktion des Asam'schen Hochaltars zu erstellen. In mühseliger und einfühlsamer Arbeit wurden die Figuren des mächtigen Hochaltars nachgeschnitzt und gefaßt. In die Neufassung des »alten« Hochaltars wurde das erhaltene, spätgotische Gnadenbild (eine bemalte, 1,50 m hohe Holzfigur), Maria mit dem Jesuskind auf ihrem Schoß, eingefügt.

Am 19. Juni 1971 wurde der neue liturgische Volksaltar und auch der neugeschnitzte Hochaltar mit dem alten Gnadenbild durch Kardinal Julius Döpfner eingeweiht. Das Marienbild der Vergangenheit ist umgeben von den mächtigen, goldstrotzenden Figuren des heiligen Dominikus (1170–1221) und des heiligen Papstes Silvester (313–335) wie der heiligen Katharina von Siena (1347/80) und des heiligen Bischofs Rupert († um 720). Über den neuen Hochaltar wird sich die Patina der Zeit legen. Geblieben ist das alte Gnadenbild, zu dem in vielen Jahrhunderten immer neue Pilgerscharen gebetet haben. Auch in der Umgebung des neuen Hochaltars wird ihm ungebrochene Verehrung zuteil. Maria Dorfen – ein kühnes und gelungenes Zeugnis, die Marienverehrung der Vergangenheit in einem neuen Rahmen dem christlichen Glauben und Beten der Gegenwart und Zukunft zu erschließen.

'ck hinauf zur Wallfahrtskirche Maria Dorfen

Ebersberg

Erzbistum München und Freising

931 brachte der Augustinerpropst Hunfried ein ehrwürdiges Geschenk von seiner Romreise nach Ebersberg (der Name dürfte, wie eine Gründungslegende berichtet, von »eparo« = Eber, Berg = Siedlung des Eparo zurückgehen): Die Gehirnschale (cranium) des heiligen Sebastian, die ihm Papst Stephan VIII. (929/31) überreicht hatte. Das bereits 934 fertiggestellte Münster wurde durch diese Reliquie zu einer bedeutenden Wallfahrtsstätte, denn der heilige Sebastian wurde bei Krankheiten, vor allem in den großen Pestepidemien als Fürsprecher leidenschaftlich angerufen.

Nach den Augustiner-Chorherrn haben seit 1013 Benediktiner, seit 1596 Jesuiten und ab 1781 Malteser das Sebastiansheiligtum und die blühende Sebastiansbruderschaft in Ebersberg betreut. Ein Brand (1305) zerstörte Wallfahrtskirche und Kloster. Innerhalb kurzer Zeit konnten sie unter dem rührigen Abt Siegersdorfer wieder aufgebaut werden. Bis zum Ende des 14. Jahrhunderts war Ebersberg der wohl berühmteste, nichtmarianische Wallfahrtsort im südbayerischen Raum. Ende des 15. Jahrhunderts, als in Ebersberg die Sebastiansbruderschaft gegründet wurde und ungeahnten Zulauf hatte, wurde unter Abt Sebastian Häfele (1472–1500) die Silberbüste des heiligen Sebastian (59 cm hoch, 46 cm breit), eine der besten spätmittelalterlichen Silberschmiedearbeiten, angefertigt, unter deren abnehmbarem Fürstenhut die Hirnschale des heiligen Sebastian aufbewahrt wird.

Gründliche Untersuchungen (1928), angeregt durch Kardinal Faulhaber wie auch durch Papst Pius XI. und durchgeführt durch Univ.-Professor Dr. Ferdinand Birkner (Direktor der

Pfarrkirche St. Sebastian in Ebersberg

Münchener Gesellschaft für Anthropologie), konnten gerade durch den Vergleich mit Sebastiansreliquien in der römischen Kirche Santi Quattro Coronati die Echtheit bestätigen. Die zweite Hälfte der Sebastians-Hirnschale ist in Soissons aufbewahrt.

Im 17. Jahrhundert, der Pestepoche im Bayernland (erinnert sei an das Passionsgelöbnis, das 1633 die Bewohner des Dorfes Oberammergau ablegten, wenn sie von dieser Epidemie erlöst werden), hat die Verehrung des heiligen Sebastian, des Schutzpatrons gegen die Pest, einen einmaligen Höhepunkt erreicht. Gegen Ende des Dreißigjährigen Krieges wurde 1644 von den Jesuiten die Seba-

Sebastianskapelle in der Pfarrkirche

Silberbüste des heiligen Sebastian (Sebastianskapelle)

stiansbruderschaft ins Leben gerufen. Fast zur gleichen Zeit (1668) wurde (links vom Hochaltar) die Sebastianskapelle (links von der heutigen Sakristei über eine enge Stiege zu erreichen) erbaut, das Kleinod der 1481/84 erbauten und um 1750 barockisierten Pfarrkirche von Ebersberg (Baumeister Erhard Randeck). Dort wird heute auf dem Marmoraltar die Silberbüste mit der Hirnreliquie des heiligen Sebastian aufbewahrt.

Nach 1808 kam mit der Säkularisation die Wallfahrt zum heiligen Sebastian nach Ebersberg fast völlig zum Erliegen. Der Chronist und Kreisheimatpfleger Markus Krammer schreibt in seiner Festschrift »Die Wallfahrt zum heiligen Sebastian nach Ebersberg« (1981): »In den letzten Jahrzehnten ist es ganz ruhig um den hl. Sebastian geworden und nur noch wenige Wallfahrtszüge finden den Weg nach Ebersberg«. Der heutige Sebastianimarkt (alljährlich am 20. Januar) zu Ebersberg erinnert noch an die großen Wallfahrten vergangener Jahrhunderte.

Es ist gesagt worden: Die Heiligen kommen wieder! Niemand weiß, wann die neue Stunde des heiligen Sebastian, des mutigen Glaubenszeugen der frühchristlichen Zeit, wieder schlägt!

Eibingen

Bistum Limburg

Bingen, das in früheren Jahrhunderten wegen seiner kirchlichen Feste und Reliquienprozessionen zu Ehren des heiligen Rochus und des heiligen Rupert bekannt war (erinnert sei an die Schilderung des Rochusfestes, wie es Goethe am 16. August 1814 erlebte), ist in den letzten Jahrzehnten mehr und mehr als Wallfahrtsort in den Hintergrund getreten, während eine neue und unerwartet große Anziehungskraft ausging von der Pfarrkirche Eibingen, wo (seit 1642) die Reliquien der genialen und mutigen Frau, der heiligen Äbtissin und Prophetin Hildegard von Bingen (1098–1179) verehrt werden.

Hildegard von Bingen, von F. Jürgensmeier »Prophetissa teutonica« genannt, hat in unserer Zeit eine neue und hohe Wertschätzung erfahren und zwar beim einfachen Volk ebenso wie in Kreisen der Gelehrten – als prophetische Mystikerin, als Gelehrte, als Bußpredigerin, Klostergründerin und Naturforscherin. Es scheint, daß für die Pilger, die einzeln oder in Gruppen zur Pfarr- und Wallfahrtskirche in Eibingen (oberhalb von Rüdesheim) heraufziehen, die mit 82 Jahren am 17. September 1179 verstorbene, heilige Hildegard ein bedeutsames Orientierungszeichen ist, wie man Wissenschaft mit Frömmigkeit, Naturliebe mit Christusverbundenheit, Mystik mit Berufseinsatz, Sorge für die Kirche mit Weltoffenheit verbinden kann.

Gerade im geistig-religiösen Umbruch unserer Zeit kann die heilige Hildegard aufzeigen, wie man die Vergangenheit des Glaubens mit der Zukunft des Glaubens in »bewahrender Progressivität« (C. Palm) verbinden und die Botschaft Jesu in eine sich wandelnde Welt hineinsprechen und hineinleben kann.

Heilige Hildegard von Bingen, erbitte uns das Licht der Gnade, damit wir im Spiegel des Glaubens die Frohbotschaft Gottes erkennen und in der Nachfolge Christi Gott und den Menschen mutig und glaubwürdig dienen!

Eichstätt

Bistum Eichstätt

Die alte Bischofsstadt Eichstätt liegt fast in der Mitte des Freistaates Bayern: 113 km von München, 25 km von Ingolstadt, 79 km von Nürnberg, 90 km von Regensburg, 180 km von Würzburg entfernt. Auch in der heutigen Bischofsstadt, die zur Großen Kreisstadt und seit 1972 auch zur Universitätsstadt herangewachsen ist, ist noch ein Hauch jenes oft zitierten Wortes zu verspüren: Unter dem Krummstab ist gut leben.

In dieser Stadt mit ihren Plätzen und einladenden Kirchen begegnet man auf Schritt und Tritt einer Vergangenheit, die lebendige Gegenwart geblieben ist. Dort, wo bereits in der älteren und jüngeren Eisenzeit (um 500 v. Chr.) eine keltische Siedlung stand und später die Römer, Alemannen und Bajuwaren ansäßig wurden, ist 741 durch Winfried-Bonifatius in »Eystat« ein Bistum errichtet und zum ersten Bischof der Angelsachse Willibald berufen worden. Bonifatius hatte ihn 740 in Eichstätt zum Priester und 741 in Sulzbrücken bei Gotha zum Bischof geweiht. In einem Marmorschrein (gefertigt um 1269) im Willibaldschor des heutigen Domes, in dem sich romanische, hochgotische und spätgotische Stilelemente vermischen, hat der am 7. Juli 787 verstorbene erste Bischof Willibald seine letzte Ruhe gefunden.

Wer auch nur ein einziges Mal die in eine Muschelnische hineinkomponierte, aus Marmor gemeißelte Sitzfigur des heiligen Willibald an der Rückseite des Willibaldaltars (gestaltet von dem aus Kaufbeuern gebürtigen Steinmetz Loy [= Eligius] Hering, 1484–1534) gesehen hat, verbindet mit diesem angelsächsischen Glaubensboten, der mit seinem Bruder Wunibald († 18. Dezember 761; beigesetzt in der Krypta der Pfarrkirche von Heidenheim) und seiner rührigen Schwester Walburga wirkte, die Erinnerung an einen überaus gütigen und menschenfreundlichen Bischof.

Der heutige Dom ist übrigens bereits die vierte Kirche, die jeweils über dem Standort und auf den Grundmauern der früheren Kirchen errichtet wurde. Nicht übersehen sollte man den Hochaltar des Eichstätter Domes, wo rechts und links von Maria mit dem Jesuskind vier Heilige (es handelt sich um spätgotische Holzstatuen um 1470) stehen: Links neben der Muttergottes der heilige Richard, der Vater der drei Bistumsheiligen, neben ihm der heilige Willibald, rechts neben Maria die heilige Äbtissin Walburga und der heilige Wunibald, Abt des Klosters Heidenheim bei Hahnenkamm.

Wer Willibald besucht, sollte auch zur Grabstätte seiner heiligen Schwester, der tatkräftigen Äbtissin Walburga gehen, deren Reliquien seit 870 in der heutigen Stadtpfarrkirche St. Walburg (errichtet 1626/31) in einem Gruft-

Statue des heiligen Willibald (von Loy Hering) im Dom zu Eichstätt

altar (Confessio der heiligen Walburga) verehrt werden.

Der Pilger sei aber auch noch auf einige andere bemerkenswerte Gebetsstätten aufmerksam gemacht: die Heilige Stiege (eine Nachbildung der Scala Santa in der Nähe der Laterankirche von Rom) in St. Walburg und vor allem das Heilige Grab in der Kapuzinerkirche, die genaueste und älteste Nachbildung des Heiligen Grabes in Jerusalem. Eingefügt in diesen vor 1166 errichteten Gedächtnisbau ist ein Stein aus Jerusalem, ein Kreuzpartikel und auch ein Stück der Dornenkrone. Die Eichstätter Nachbildung des Heiligen Grabes hat deshalb eine so große frömmigkeits- und kunstgeschichtliche Bedeutung, weil das Original des Heiligen Grabes in Jerusalem wiederholt zerstört wurde und heute nur in einer späteren Nachbildung vorhanden ist.

In Eichstätt begegnet man der christlichen Vergangenheit, die Gegenwart geblieben ist und die jeden Wallfahrer überaus charmant zur Ruhe und zum Gebet einlädt. Jeder Pilger, der an das Grab des heiligen Willibald tritt, kann der Frage nicht ausweichen: Was ist aus dem christlichen Erbe dieses Glaubensboten geworden? Was müssen wir tun, damit die Kirche als wanderndes Volk Gottes in der Gegenwart glaubwürdig bleibt und mit neuem, missionarischen Elan jenes Erbe aufgreift und weiterführt, das uns allen aus einer großen Geschichte des christlichen Glaubens überantwortet ist?

Oben:
Nachbildung des Grabes Christi (Mitte des 12. Jahrhunderts) in der Kapuzinerkirche in Eichstätt

Unten:
Kloster St. Walburg: Obere Walburgisgruft

Seite 47:
Residenzplatz in Eichstätt mit Dom und Mariensäule ▷

Ettal

Erzbistum München und Freising

Auf der Rückreise von einem Italienfeldzug, auf dem er 1327 in Rom zum römischen Kaiser gekrönt wurde, brachte Ludwig der Bayer ein von Giovanni Pisano aus weißem carrarischen Marmor gemeißeltes, 25 Pfund schweres Marienbild mit. Als das Pferd des Kaisers, von Partenkirchen kommend durch die Schlucht des Kienbergs (wo heute die kurvenreiche Straße von Oberau nach Ettal heraufführt) geritten war, fiel es dreimal (wie die Gründungslegende berichtet) auf seine Vorderfüße nieder. Der Kaiser sah darin ein Himmelszeichen, daß an dieser Stelle, wo das Graswangtal sich öffnet, eine Heimstätte für das aus Italien mitgebrachte Marienbild errichtet werden solle.
Am 28. April 1330 legte der Kaiser Ludwig der Bayer den Grundstein und erklärte Maria zur Frau Stifterin (»ze unser frauen etal«). Dem Benediktinerkloster war ein Ritterstift angeschlossen. Im Jahr 1370 wurde die gotische Klosterkirche als 12eckiger Zentralbau vollendet (als Vorbild diente die berühmte Grabeskirche in Jerusalem). Die Pläne der heutigen Wallfahrtskirche stammen von dem Münchner Hofbaumeister Enrico Zuccalli (um 1642–1724), die von dem Wessobrunner Franz Schmuzer 1745 aufgegriffen, weiterentwickelt und 1748 vollendet wurden. Gotische Bauelemente (Kreuzgang) verbinden sich mit dem Barock (Fassade v. E. Zuccalli; Kuppelfresko 1746 von Johann Jakob Zeiller geschaffen) und mit dem Rokoko (Stuckdekorationen von Johann Baptist Zimmermann) in einmaliger Harmonie. Mit Recht wird die Ettaler Kloster- und Wallfahrtskirche (5 km von Oberammergau, 15 km von Garmisch-Parten-

Gesamtbild der Kirchen- und Klosteranlage von Ettal mit Internat und Gymnasium

Klosteranlage von Ettal
(Stich aus dem 19. Jahrhundert)

kirchen entfernt) als »Bayerischer Gralstempel« gerühmt.

In dem Gnadenbild der »Stifterin von Ettal« mit dem Jesuskind haben Schönheit, Gottseligkeit und Güte eine einzigartige Einkörperung in Marmor erfahren. Viele, die als Touristen das Werdenfelser Land besuchen oder im benachbarten Oberammergau dem Passionsspiel beiwohnen, versäumen es nicht, die eindrucksvolle Wallfahrtskirche zu betreten. Wer nicht nur mit kunsthistorischem Interesse, sondern auch als Beter diese farbenprächtige Kirche betritt, verspürt einen Hauch jener barockfröhlichen Herzlichkeit, mit der Menschen aus nah und fern in Maria ihre Mutter sehen und verehren und ihrer mütterlichen Sorge und Fürbitte ihre Anliegen anvertrauen.

Gnadenbild der Muttergottes
und »Frau Stifterin« von Ettal

Korbiniansschrein im Dom zu Freis

Freising

Erzbistum München und Freising

Nördlich von München liegt die ehemalige Bischofsstadt Freising. Weithin sichtbar ist der Domberg mit den mächtigen Doppeltürmen des Domes. Das Wort von Wilhelm Riehl: »Wer Freising nicht gesehen hat, der kennt Altbayern nicht« macht neugierig und steigert die Spannung auf der Wanderung durch diese Stadt.

Freising ist älter als München. Schon um 700 n. Chr. befand sich auf dem heutigen Domberg bereits die Pfalzanlage der agilolfinger Herzöge. Als der fränkische Wanderbischof Korbinian nach Freising kam, fand er auf dem Domberg ebenfalls eine kleine Kirche (mit dem Patrozinium Mariä Geburt, das auch der heutige Dom noch feiert) vor. Auf dem gegenüberliegenden Weihenstephaner Berg befand sich eine weitere Kirche zu Ehren des heiligen Diakons und ersten Martyrers Stephanus.

Mag für jeden kunstgeschichtlich Interessierten Freising wahrhaftig eine Reise wert sein, für den Wallfahrer ist deshalb Freising ein Anziehungspunkt, weil dort der Gründerbischof im goldenen Reliquienschrein, meist in der Domkrypta aufgestellt, seine letzte Ruhe gefunden hat. Es ist vor allem die katholische Jugend der Erzdiözese München und Freising, die alljährlich im Monat November zur großen Diözesenwallfahrt nach Freising kommt.

Bemerkenswert ist, daß der heilige Korbinian († um 724) verfügt hatte, in Mais bei Meran, wohin er vor dem Herzog Grimoald fliehen mußte (unter dem neuen Herzog Hugibert konnte er wieder nach Freising zurückkehren), zur letzten Ruhe gebettet zu werden. Man hat zwar das Testament des Bischofs Korbinian erfüllt und nach seinem Tod seinen

DIE WIESKIRCHE
bei Freising
Zur Erinnerung an das Jubiläum
gehalten den 17ten Mai 1848.

Leichnam nach Mais gebracht. Aber bereits unter Bischof Arbeo (764–783) wurden 768 die Reliquien des ersten Freisinger Bischofs in seine Bischofsstadt zurückgeholt. Zur reichlich späten Versöhnung hat man im 19. Jahrhundert (1863) einen kostbaren Schrein für die Reliquien des heiligen Korbinian angefertigt, der an hohen Festtagen des Kirchenjahres, vor allem am Tag der Priesterweihe und der Jugendwallfahrt auf dem Hochaltar oder auch an der Chortreppe zum Presbyterium zur Verehrung aufgestellt wird.

Zur Baugeschichte des Freisinger Doms noch einige Informationen: An die Stelle der aus dem 8. Jahrhundert stammenden Marienkapelle wurde unter Bischof Anno (854–875) eine dreischiffige Kirche errichtet. Als 1159, ein Jahr nach dem Tod des berühmten Freisinger Bischofs und Geschichtsschreibers Otto (1138–1158), diese zweite Marienkirche durch einen Brand zerstört wurde, kam es zur Errichtung des dritten Doms (1160–1205), der das Grundgefüge des heutigen Doms bildet.

Zu Beginn des 18. Jahrhunderts wurde unter Bischof Johann Franz Eckher (1695–1727) von den Brüdern Asam, dem Bildhauer Egid Quirin und dem Maler Kosmas Damian, in nur 14 Monaten über das Kircheninnere jenes barocke Gewand gezaubert, das heute jeden Besucher in Staunen versetzt: Anlaß war das tausendjährige Jubiläum des Todes des heiligen Korbinian (1724).

Wer den heutigen Dom betritt, begegnet ebenso der Romanik (inneres Portal, Krypta mit der berühmten »Bestiensäule«) wie der Gotik (Domvorhalle, Chorgestühl) und dem Barock (vor allem in der Sakramentskapelle in der Apsis des rechten Seitenschiffes). Was ist der Dom zu Freising für den Wallfahrer, nachdem seit dem Jahr 1821 die Bischöfe nicht mehr in Freising, sondern in München residieren?

Wer hinuntersteigt in die Krypta des Freisinger Doms, begegnet dem Ursprung der christlichen Mission in Bayern. Vor dem Korbiniansschrein wird die Frage laut, was aus seinem Werk im Laufe der Jahrhunderte geworden ist und wie sein Erbe in einer rasant sich wandelnden Welt überzeugend und mit glaubwürdigen Zukunftsperspektiven lebendig bleiben kann.

Wer nach Freising kommt, sollte nicht versäumen auf eine Wanderung durch den nördlich von Freising gelegenen Wieswald (mit seinen Kreuzwegstationen) sich zu begeben um in der Wieskirche ein Gnadenbild des gegeißelten Jesus zu entdecken. Gerade die Stille dieser Gnadenstätte lädt zum Gebet ein. Hier drängt sich jener Text zum betrachtenden Gebet auf, den 1656 Paul Gerhardt gedichtet hat:

»O Haupt voll Blut und Wunden,
voll Schmerz und voller Hohn
...
Du edles Angesichte,
vor dem sonst alle Welt
erzittert im Gerichte,
wie bist zu so entstellt
...
Wenn ich einmal soll scheiden,
so scheide nicht von mir.
Wenn ich den Tod soll leiden,
so tritt du dann herfür.
Wenn mir am allerbängsten
wird um das Herze sein,
so reiß mich aus den Ängsten
kraft deiner Angst und Pein«.

Fulda

Bistum Fulda

Mit dem Namen »Fulda« verbinden sich für katholische Christen zwei Gedanken: die Erinnerung an das Grab des heiligen Bonifatius und an die Tagungen der Deutschen Bischofskonferenz (seit 1867). An die Spitze der unzähligen Pilger, die alljährlich in die Krypta des Barockdoms St. Salvator und Bonifatius hinuntersteigen, haben sich die katholischen Bischöfe Deutschlands gestellt. In Fulda ruht nicht nur der Apostel Deutschlands, wie Bonifatius genannt wird. In Fulda ist auch der Tagungsort der Deutschen Bischofskonferenz. Immer wieder gehen von diesen Konferenzen neue und helfende Impulse für das religiöse Leben in Deutschland aus.

Fulda hat eine großartige Geschichte, die zurückreicht bis in die karolingische Epoche. In der damaligen Waldeinsamkeit der oberen Buchonia ließ der Angelsachse Winfried – Bonifatius durch seinen Schüler Sturmius 744 ein Kloster errichtet. Es war sein Lieblingskloster, so daß er verfügte, in Fulda bestattet zu werden. Vor allem in der karolingischen Zeit war Fulda ein einzigartiges Zentrum der Theologie und Wissenschaft, nicht zuletzt auch der Kunst der Buchmalerei. Hier wirkten – um nur einige Namen zu nennen – Hrabanus Maurus († 856), Walahfried Strabo († 849) und auch Otfrid von Weißenburg (geboren um 790).

Bonifatius, sein ursprünglicher Name war Winfried (672–754), stand innerlich getrieben unter dem Auftrag, sein Kloster auf der britischen Insel zu verlassen, um sich für Christus und sein Reich auf die missionierende Wanderschaft zu begeben. Ihn zeichnete besonders aus selbstlose und opferbereite Dienstbereitschaft, Organisationskraft und vor allem eine selbstverständliche Treue zum Papst. »In der Gestalt des heiligen Bonifatius verband sich die Glut des Heidenmissionars mit dem nüchternen Organisationstalent eines Mannes, der weiß, daß die Einheit der abendländischen Kirche auf die Dauer nur dann Bestand haben wird, wenn sie in einer klaren rechtlichen Ordnung begründet ist« (Josef Mass). Es ging Bonifatius nicht nur darum, die Organisation der deutschen Bistümer aufzubauen. Er hat ihr das Gepräge einer romverbundenen und romtreuen deutschen Landeskirche gegeben.

Bonifatius war Erzbischof von Mainz. Anläßlich einer Missionsreise nach Friesland hat er bei Dokkum am 5. Juni 754 den Martertod erlitten. Über Mainz kamen seine Gebeine nach Fulda. Jüngste Untersuchungen des Reliquiengrabes haben ergeben, daß Bonifatius etwa 1,90 m groß war. Sein Skelett weist starke degenerative Verformungen auf, die auf Altersleiden, von denen Bonifatius wiederholt in seinen Briefen schreibt, schließen lassen. Der heutige Barockdom wurde von Johann Dientzenhofer (1665–1726) entworfen und in den Jahren 1704/12 erbaut. Die gewaltige Vierungskuppel wurde gestaltet nach dem Modell der Peterskuppel in Rom. Der Gruftaltar in der Domkrypta zeigt im oberen Relief das Martyrium des heiligen Bonifatius. An der Vorderseite des Altartisches stellt ein weiteres

Bonifatiusaltar in der Krypta des Domes zu Fulda

Relief seine Auferstehung dar. Es könnte dieses Relief aber auch gedeutet werden, als würde der Apostel Deutschlands aus seinem Grab steigen, weil er über das christliche Leben im heutigen Deutschland unruhig geworden ist und in einem heidnischen, religiös gleichgültig gewordenen Deutschland wieder missionieren müsse.

Am Grab des heiligen Bonifatius kommt man nicht herum, über die christliche Vergangenheit wie über die Gegenwart und Zukunft des christlichen Glaubens in deutschen Landen ernsthaft nachzudenken. Ist die Zukunft der Kirche ihre Vergangenheit?

Kirche ist wanderndes Volk Gottes – berufen durch Gottes Gnade, stehend unter der Wolke der göttlichen Führung, sich bewährend in vielfachen Nöten der Wüste und (was nicht unterschlagen werden darf!) immer auch angefochten vom Tanz um das Goldene Kalb irdischer Heilbringer und Programme. Nachdenklich sollte machen eine Passage aus einem Brief des heiligen Bonifatius, in dem es heißt:

»Die Kirche fährt übers Meer dieser Welt wie ein großes Schiff und wird von den Wogen – das sind die Anfechtungen dieses Lebens – hin- und hergeworfen.
Wir dürfen das Schiff nicht verlassen, wir müssen es lenken«.

Nicht versäumen sollte man, auch der St. Michaelskirche (nördlich über dem Domplatz, erbaut 812–822) einen Besuch abzustatten, in deren Krypta aus karolingischer Zeit man überdeutlich die Konfrontation mit der christlichen Vergangenheit verspürt.

Bonifatiusdenkmal in Fulda

Barockdom in Fulda (erbaut 1704/1
rechts im Hintergrund St. Michaelskirc
(karolinischer Rundbau 818/2

Germershausen

Bistum Hildesheim

Gnadenbild in der Wallfahrtskirche »Maria in der Wiese«/Germershausen

Für den 2. Juli 1678 (Fest Mariä Heimsuchung), wenige Jahrzehnte nach dem Ende des Dreißigjährigen Krieges (1618/48), der durch das Unwesen des »tollen Christian«, des Herzogs von Braunschweig-Lüneburg (1611/33), über Germershausen und viele Orte im katholischen Eichsfeld bitteres Leid gebracht hatte, ist urkundlich bezeugt, daß in der Gnadenkapelle von Germershausen ein Marienbild aufgestellt wurde. Mit diesem Tag setzten die Wallfahrten zum Gnadenbild »Maria in der Wiese« ein, das damals zum Erzbistum Mainz gehörte (seit 1824 zum Bistum Hildesheim). Das katholische Eichsfeld liegt wie eine Insel in der norddeutschen Diaspora. Gewiß kann Germershausen nicht so große Pilgerzahlen wie etwa Kevelaer oder Altötting aufweisen. Was die Marienwallfahrten der Diasporakatholiken auszeichnet, ist bekenntnishafte Treue und beispielhafte Innerlichkeit.

In der heutigen, seit dem 1. Oktober 1864 von den Augustinern betreuten Wallfahrtskirche (Grundsteinlegung 1887) richten sich Blicke und Gebete hin zur Gnadenmutter, einer holzgeschnitzten, gefaßten und gekrönten Madonna, die in ihrer rechten Hand ein Szepter und auf ihrer linken Hand das segnende Jesuskind trägt (Beginn des 16. Jahrhunderts). Das heutige Gnadenbild soll ursprünglich ein Vesperbild gewesen sein. Es dürfte erst im 17. Jahrhundert in die heutige Statue umgeschnitzt worden sein.

Mit diesem Marienort ist seit dem 12. Januar 1972 die »Katholische Bildungsstätte Sankt Martin« verbunden. Viele Gäste und Besucher dieses diözesanen Bildungszentrums im Südraum des Bistums Hildesheim, die die Wallfahrt zu »Maria in der Wiese« nicht gekannt haben, sind dankbar und beglückt in die große Tradition der Marienverehrung hineingewachsen. In ihren Familien und Einsatzorten sind sie zu Propagandisten dieser Wallfahrtsstätte in der norddeutschen Diaspora geworden.

Dank für den katholischen Glauben und Bitte um Wiedervereinigung der getrennten Christen sind es, die in dem Eichsfelder Wallfahrtslied aufklingen:

»Maria, wir Pilger
dich liebend verehren,
für's Eichsfeld wir Frieden
und Einheit begehren.
Behüt' die Getrennten
mit liebenden Händen!
Du Mutter der Gnad',
gib Trost uns und Rat!«

Gößweinstein mit Wallfahrtskirche und B

Gößweinstein

Erzbistum Bamberg

Die Pfarr- und Wallfahrtskirche von Gößweinstein (der Name »gozwinesten« ist urkundlich erstmals 1124 belegt) in der Fränkischen Schweiz (zwischen Ebermannstadt und Pottenstein) überrascht jeden Besucher durch seine künstlerische Pracht in so starkem Maße, daß Pfarrer Friedrich Nieser in seinem Kirchenführer (1980) jedem Besucher seiner Kirche mit Recht ans Herz legt: »Wir bitten dich, nicht bloß die von Menschenhand geschaffenen Kunstwerke zu suchen und zu betrachten, sondern auch etwas von jenen Wahrheiten aufzunehmen, die die Kunstwerke verkünden. Nach dem Wort Kardinal Faulhabers sind ja unsere Kirchen in Stein gehauene Glaubensbekenntnisse«.

Wenngleich alle Akten über das mittelalterliche Gößweinstein im Dreißigjährigen Krieg verloren gegangen sind, so läßt sich doch die Wallfahrt »Zur freudenreichen Dreifaltigkeit« bis in das 15. Jahrhundert zurückverfolgen. Die heutige Barockbasilika – eine der schönsten und künstlerisch wertvollsten Kirchen des Frankenlandes – wurde in nur neunjähriger Bauzeit (1730–1739) unter dem Fürstbischof Karl Graf von Schönborn nach den Plänen des Würzburger Hofbaumeisters Balthasar Neumann (1687–1753) errichtet (eingeweiht am 14. Mai 1739).

Das Urgeheimnis des christlichen Glaubens, die heiligste Dreifaltigkeit, hat die Künstler des Barockzeitalters außerordentlich fasziniert und zu genialen Meisterwerken angeregt. Eingefügt in einen überwältigend mächtigen Hochaltar (entworfen von Johann Michael Küchel, 1703–1769) ist hinter einem Spiegelglasschrein das aus Lindenholz geschnitzte Gnadenbild (140 x 140 cm groß), das eine Bamberger Arbeit aus dem Jahr um 1510 sein dürfte. Es stellt (im Unterschied zum Gnadenstuhl der »schmerzhaften Dreifaltigkeit«, bei dem Gott-Vater, über dem die Heilig-Geist-Taube schwebt, das Kreuz Christi trägt) die »freudenreiche Dreifaltigkeit« dar: die Krönung Marias durch die Dreifaltigkeit.

Das Anliegen der Wallfahrt nach Gößweinstein ist ausgesprochen in der Inschrift, die an

Spätgotisches Gnadenbild – Krönung Marias durch die Heiligste Dreifaltigkeit

der kleinen Dreifaltigkeitskirche hinter der Wallfahrtskirche zu lesen ist: »Von denen, die hier mit frommer Gesinnung eintreten, sei gepriesen die heiligste und ungeteilte Dreifaltigkeit« (A pie intrantibus benedicta sit sancta et individua trinitas). In einer Zeit, in der man häufig und meist recht unklar von »Gott« spricht, sollte man sich erinnern, was der 1945 verstorbene Kulturphilosoph Theodor Haekker geschrieben hat: »Nichts unterscheidet heute so sehr die Geister wie die Anerkennung des dreifaltigen Gottes«.

Betrachtend sollte man vor dem Gnadenbild von Gößweinstein den Text jener Präfation sich vorlegen, die am Dreifaltigkeitssonntag (erster Sonntag nach Pfingsten) in der Eucharistiefeier gebetet wird:

». . . Mit dem eingeborenen Sohn und dem Heiligen Geist bist du (Gott-Vater) der eine Gott und der eine Herr, nicht in einer einzigen Person, sondern in den drei Personen des einen göttlichen Wesens . . . Wir beten dich an, den wahren und ewigen Gott und preisen die Sonderheit in den Personen, die Einheit im Wesen und die gleiche Fülle in der Herrlichkeit«.

Hildesheim

Bistum Hildesheim

Trotz der schweren Zerstörungen, die Hildesheim im Laufe des Zweiten Weltkrieges, vor allem durch den Bombenangriff am 22. März 1945, erfahren mußte, hat diese Stadt nach dem Wiederaufbau ihr Gepräge durch die romanischen Kirchen (Dom, St. Michael, St. Godehard, St. Mauritius) beibehalten. Berühmt ist der immer noch grünende und blühende Tausendjährige Rosenstrauch an der Chorapsis des Domes St. Mariae, der auf die Gründung Hildesheims (»Hildwins Heim«) durch Ludwig den Frommen (778–840), den Sohn des Kaisers Karl d. Gr., zurückgehen soll und seit dem 15. Jahrhundert nachweisbar ist.

Hildesheim ist gewiß wegen seiner kunstgeschichtlich bedeutenden Bau- und Bildwerke, die nach den Zerstörungen des Zweiten Weltkriegs mit großem Einfühlungsvermögen wieder aufgebaut oder restauriert worden sind, eine Reise wert. Leider sind allzu oft die Wege der Beter durch die Vielzahl der Touristen verstellt, die alljährlich nach Hildesheim kommen. So manches Bild, so manches Kreuz, vor dem einst gebetet worden ist, wird heute in Museen aufbewahrt, unter denen der »Domschatz« als das wohl kostbarste in ganz Deutschland herausragt. Hauptstücke des Hildesheimer Domschatzes sind trotz Dombrände (1013, 1046 und 1226) und Diebstähle (1538, 1680 und 1920) das Große Bernwardskreuz (12. Jahrhundert) und das Reliquiar des heiligen Oswald (1170/80), nicht zuletzt die »Große Goldene Madonna« (aus Lindenholz geschnitzt und fast vollständig mit Goldblech überzogen) des Bischofs Bernward (993 bis 1022).

Mit Recht schreibt Viktor H. Elbern in seinem Führer »Der Domschatz zu Hildesheim« (1977): »Der Besucher möge sich bewußt bleiben, daß ein solcher Domschatz kein totes Inventar darstellt und auch nicht mit einem Museum verwechselt werden sollte. In ihm werden viele von Tradition geheiligte Geräte gehütet, die bei bestimmten Gelegenheiten nach wie vor kultische Verwendung finden«. Während die »Goldene Madonna«, gestaltet im Frontalen, an byzantinische Formen erinnernden Typus der »Siegbringenden« (Nikopoia), in der Schatzkammer des Domes sich befindet, können Pilger im Hildesheimer Dom vor der gekrönten Gnadenmadonna, einer sitzenden Marienfigur mit dem Jesuskind (um 1280), knien, schweigen, beten.

Die schaulustigen Touristen bewundern am Westportal die Bronzetüren (1015) oder das

△ *Gnadenmadonna (um 1280) im Dom zu Hildesheim*

▽ *Goldene Madonna (Domschatz Hildesheim)*

Bronzetaufbecken und die 3.80 m hohe Christussäule. Die Beter sind für den stillen Platz im Dom dankbar, an dem sie ihr Gnadenbild finden. Dieses Marienbild ist gewiß schlichter und kunstgeschichtlich weniger bedeutsam als die »Goldene Madonna« des Domschatzes. Es entspricht aber sicherlich der Intention des Künstlers, der es vor vielen Jahrhunderten geschaffen hat, nicht ästhetische Faszination auszulösen, sondern Zeichen des Glaubens und Impulse des Gebetes zu setzen. Es wäre eine ungute Entwicklung, die zu einer Austrocknung katholischen Betens führen könnte, wenn Gnadenbilder, vor denen unsere Vorfahren gebetet haben, heute und in Zukunft nur noch einbruchsicher in Museen aufbewahrt und bewundert werden.

Man sollte sich an jenes Wort erinnern, das Hans Urs von Balthasar über die Bedeutung Marias für die christliche Gemeinde und ihre dienende Funktion geschrieben hat: »Auch die Gemeinde braucht eine sie durchwaltende Mitte, und wenn Maria diese Mitte ist, wird sie nie den Ausblick auf ihren Sohn verstellen. Sie zeigt auf ihn, wie er auf den Vater zeigt«.

Kappel

Bistum Regensburg

Es ist erstaunlich, daß in der Barockzeit, die in der Geschichte der Philosophie als Epoche der Aufklärung aufscheint, neben der Herz-Jesu- und Herz-Mariä-Verehrung die Grundthemen des christlichen Glaubens, nämlich das Geheimnis der Dreifaltigkeit und speziell des Heiligen Geistes, in den Mittelpunkt der Frömmigkeit wie der Baukunst (wie die vielen Heilig-Geistig- und Dreifaltigkeitskirchen und Spitäler der damaligen Zeit beweisen) getreten sind.

Auf dem Glasberg bei Münchenreuth (5 km nördlich von Waldsassen) wurde damals eine Dreifaltigkeitskirche von Georg Dientzenhofer (1685–1711) erbaut, die genau dem Frömmigkeitstrend der damaligen Zeit entsprochen hat. »Die Kappel«, wie sie mit vertraulich-familiärem Unterton im Volksmund genannt wird, sollte die bauliche Darstellung der Glaubensgeheimnisse der Dreiheit der göttlichen Personen wie der Einheit des göttlichen Wesens dadurch lösen, daß nach außen Drei, nach innen Eins in einem Kirchenbau erkennbar sind.

Dreiheit wie Einheit werden in dieser Wallfahrtskirche dadurch veranschaulicht, daß den drei Türmen, die schon von weitem den Pilger grüßen, in der Einheit eines Zentralbaus drei Altäre entsprechen, die genau in den Winkelnischen eines gleichseitigen Dreiecks errichtet sind und Gott dem Vater, Gott dem Sohn und Gott dem Heiligen Geist geweiht sind. Sehr häufig wurde in der Barockzeit mit der Dreiheit der göttlichen Personen die Dreiheit der göttlichen Tugenden – Glaube, Hoffnung und Liebe – verknüpft. Was in Kappel verwirklicht wurde, ist mehr als eine architektonische Spielerei. Es ist der durchaus gelungene und seltene Versuch, das Urgeheimnis des christlichen Glaubens sichtbare und eindrucksvolle Gestalt werden zu lassen.

»Die Kappel« hat nur wenige Nachfolgekirchen gehabt, eine der berühmtesten ist die Dreifaltigkeitskirche im österreichischen Stadl-Paura (bei Lambach). Sie wurde unter dem tatkräftigen Abt des Benediktinerstifts von Lambach, Maximilian Pagl (1705–1725), von Johann Michael Brunner erbaut (begonnen 1714) und eingeweiht unter Abt Gotthard Haslinger (1725–1735) am 29. März 1725 durch den Fürstbischof von Passau, Josef Dominik Graf vom Lamberg.

Jeder Christ ist getauft im Namen des dreifaltigen Gottes. Mit jedem Kreuzzeichen stellen wir uns unter den Segen des dreifaltigen Gottes. Hugo Rahner hat aber doch allzu recht, wenn er sagte: »Wir reden heute fast ängstlich um dieses Geheimnis herum, um ja nicht das Denken der Menschen zu beunruhigen«. Jedem Pilger, der zur Anbetung des dreifaltigen und dreieinigen Gottes nach Kappel kommt, sollte in anregender und helfender Erinnerung bleiben, daß es keinen Grundkurs des christlichen Glaubens ohne das Urgeheimnis des dreifaltigen Gottes gibt. Wer heute von »Gott« spricht, sollte Farbe bekennen, was er unter Gott versteht – Schicksal, Naturordnung, letzte Idee? Manchem Menschen, der alles und jedes »hinterfragen« will, mag der Glaube an den dreifaltigen Gott wie eine Zumutung erscheinen. Man sollte aber jene Selbsterschließung und Freundschaft Gottes überaus ernstnehmen, in der er Einblick in seine ewiggöttliche Tiefe und Teilnahme an seinem tiefsten Lebensgeheimnis gegeben hat.

Was das Dreifaltigkeitsgeheimnis dem Denken und der letzten Sinnerfüllung des erlösten Daseins bedeutet, hat Bernhard von Clairvaux (1091–1153) in dem Satz wiedergegeben, der allen Pilgern nach Kappel eine hilfreiche Weisung sein sollte:

»Dieses Geheimnis ergründen wollen,
ist Vermessenheit.
Daran zu glauben,
ist Gottseligkeit.
Es dereinst zu erkennen,
ist Leben, ewiges Leben«.

Wallfahrtskirche – Dreifaltigkeitskirc
Kappel bei Waldsa

Kevelaer

Bistum Münster

Im niederrheinischen Gebiet zwischen Krefeld und Nimwegen, nur wenige Kilometer von der deutsch-niederländischen Grenze entfernt, liegt der Marienwallfahrtsort Kevelaer – mit Recht das norddeutsche Altötting genannt. Gesamtbesucher pro Jahr über ½ Million, davon etwa 150000 aus dem Ausland (Belgien, Luxemburg, Niederlande).

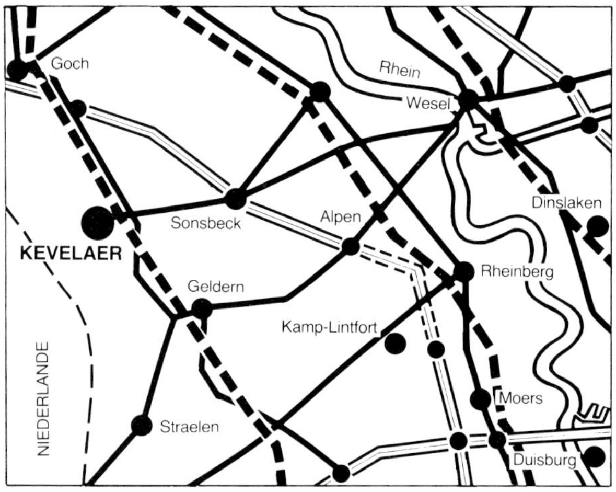

Wer die Entstehung dieser Gnadenstätte nur mit den Augen des Historiker oder des Kunstexperten betrachtet, wird wohl nie erklären und verstehen können, warum von einem kleinen, heute fast vergilbten Kupferstich auf Pergament (10,5 cm hoch, 6,5 cm breit) mit dem Bild der gekrönten Gottesmutter Maria, die auf ihrem linken Arm das Jesuskind und in ihrer rechten Hand ein Zepter trägt, eine so unerhörte, über drei Jahrhunderte andauernde Wirkung ausgehen konnte. Dieses Marienbild trägt die Jahreszahl 1640.

Die Entstehung der Marienwallfahrt ist im 17. Jahrhundert nachzuweisen. Am 1. Juni 1642, noch im Dreißigjährigen Krieg, setzte der Pfarrer des damals niederländischen Kevelaer, Johannes Schink, in ein Heiligenhäuschen, das Hendrik Busman aus Ziegelsteinen errichtet hatte (2 m hoch, 0,7 m breit, 0,4 m tief), ein aus Luxemburg stammendes Marienbild ein. Der flandrische Handelsmann Hendrik Busman erfüllte damit einen Auftrag, den er mehrmals im Jahr 1641 durch eine geheimnisvolle Stimme (Marias) erhalten hatte: »Du sollst mir hier ein Heiligenhäuschen (Kapelle) bauen«.

Bereits 1643/45 wurde neben diesem Bildstock für die damals schon zahlreichen Pilger eine Wallfahrtskirche, die heutige Kerzenkapelle, errichtet (Grundsteinlegung am 28. Oktober 1643, Fertigstellung am 20. November 1645). Wenige Jahre später, 1654, wurde über dem »Heiligenhäuschen« mit dem Marienbild eine sechseckige Kapelle errichtet, die Gnadenkapelle der Muttergottes von Kevelaer. Die Chronisten melden, daß die Zahl der Pilger, »die rings im Kevelaerer Feld sich wie ein Heerlager niederließen«, von Jahr zu Jahr anstieg. Votivgaben aus Silber und Wachs bedecken die rußgeschwärzten Wände der Gnadenkapelle. In seinem Gedicht »Die Wallfahrt nach Kevelaer« erwähnt Heinrich Heine die Votivgabe des Wachsherzens, wenn er schreibt:

»Die Mutter nahm ein Wachslicht,
Und bildete draus ein Herz.
‚Bring das der Mutter Gottes,
Dann heilt sie deinen Schmerz'«.

Die neugotische Marienbasilika (Patrozinium: Mariä Himmelfahrt – 15. August), die mit ihrem 91 m hohen Kirchturm schon von weitem den Wallfahrer nach Kevelaer grüßt, wurde 1864 eingeweiht. Eine Erweiterung hat der stimmungsvolle Kapellenplatz durch den Bau der Pax-Christi-Kapelle erfahren (Altarweihe am 6. Juni 1982 mit Übergabe eines kostbaren Reliquienschreins, in dem eine Reliquie des heiligen Willibrord, des Missionars zwischen Maas und Rhein, und eine Reliquie des ersten Bischofs von Münster, des heiligen Ludger, aufbewahrt sind). Papst Johannes Paul II. hat zu diesen Festlichkeiten als seinen persönlichen Vertreter und Päpstlichen Lega-

Gnadenkapelle von Kev

CONSOLATRIX AFFLICTORUM

Marienbild in Kevelaer

hat Papst Johannes Paul II. in einem Päpstlichen Breve vom 4. Mai 1982 mit folgenden Worten herausgestellt: ». . . die Ehre, welche die Kirche der Mutter in Treue erweist, führt mit Notwendigkeit zur Anbetung ihres Sohnes, des alleinigen Erlösers der Menschen; und wenn Maria die auf Erden Bedrückten in ihrer mütterlichen Liebe tröstet, führt sie auch mit eigener Hand die getrennten Jünger Christi zu einer Gemeinschaft von Aposteln und Jüngern zusammen, die Christus zu Rechten des Vaters anrufen und die Herabkunft des Heiligen Geistes erwarten. Es erfüllt mich auch mit Freude, daß im Verlauf der Jahrhunderte alle benachbarten Völker aus Holland und Belgien, aus Luxemburg und Frankreich sowie aus Deutschland immer wieder nach Kevelaer gekommen sind, um dort der Gottesmutter Maria ihre besondere Verehrung zu bezeugen. Das zeigen deutlich die zahlreichen jährlichen Pilgerfahrten, die große Zahl an Beichten und die vielen Gebete für die Bedrängten, für die Einheit der Christen, für den Frieden«.

ten den Kurienkardinal Maximilian de Fürstenberg gesandt.

Die sechseckige Gnadenkapelle gibt während der Wallfahrtszeit durch einen torähnlichen Durchbruch den Blick frei auf das Gnadenbild, das in einen Silberrahmen eingefügt ist. In lateinischer Sprache ist auf dieses Marienbild der Text aufgedruckt: »Wirkliches Abbild der Mutter Jesu, der Trösterin der Betrübten, auf dem Gelände unmittelbar vor der Stadt Luxemburg, durch Wunder und den Zulauf der Menschen berühmt. Anno 1640«. Aus einer Ampel an der linken Seite des Altares, gehalten von drei Tauben – Zeichen der drei Marienheiligtümer Lourdes, Altötting und Kevelaer –, strahlt das sogenannte »Friedenslicht«, das nach den Schrecken des Zweiten Weltkrieges in Lourdes entzündet wurde und über Altötting nach Kevelaer gebracht wurde.

Die Bedeutung der katholischen Marienverehrung, vor allem des Wallfahrtsortes Kevelaer

Maria, Trösterin der Betrübten, bitte für uns!

Hauptwallfahrtszeiten:
Vom 1. Mai bis zum 1. November mit den marianischen Hochfesten: Mariä Himmelfahrt (15. August), Mariä Geburt (8. September), Mariä Namen (12. September), Fest der Sieben Schmerzen Marias (15. September).

Seite 67:
Blick auf Klausen mit Wallfahrtskir

Klausen

Bistum Trier

Der Ursprung des Wallfahrtsortes Klausen (Eberhardsklausen im Kreis Bernkastel-Wittlich) läßt sich bis in das 15. Jahrhundert zurückverfolgen. Um 1439 stellte ein frommer Einsiedler Eberhard (†1541) ein aus Eichenholz geschnitztes Vesperbild der schmerzhaften Mutter Maria (das heutige »kleine« Gnadenbild) in der Nähe seiner Klause auf. Ein erstes Kapellchen (1442) wurde 1449 durch eine größere Wallfahrtskirche ersetzt. In einer langen Bauzeit 1485–1502 wurde die jetzige Wallfahrtskirche erbaut und 1502 auf den Titel »Mariä Heimsuchung« geweiht.

Bemerkenswert ist, daß bereits 1485 von zwei Gnadenbildern gesprochen wird. In der Gnadenkapelle befinden sich im Gnadenaltar zwei Gnadenbilder. In der oberen Nische steht das ältere, kleine Gnadenbild, ein Vesperbild: Maria mit ihrem toten Sohn. In der Mitte des Gnadenaltars befindet sich das jüngere, größere Gnadenbild (das vor allem von Pilgern verehrt wird), das Maria mit ihrem toten Sohn Jesus zeigt, hinter ihr kniet zur linken Seite Maria von Mágdala, während rechts der Apostel Johannes steht. Diese Gnadenbild wird bald dem 15., bald dem nachfolgenden Jahrhundert zugerechnet.

Die Wallfahrtskirche Klausen läßt mit ihren beiden Gnadenbildern die Passion Marias mit der Passion Jesu Christi zusammenschauen. Es soll hier der Pilger zum Nachdenken über das Geheimnis der Menschwerdung, vor allem über das Geheimnis des Kreuzes, das »den Juden ein Ärgernis und den Heiden Torheit« (1 Kor 1,24) war, angeregt werden und an den urchristlichen Christus-Hymnus sich erinnern: »...er entäußerte sich, wurde den Menschen gleich. Sein Leben war das eines Menschen. Er erniedrigte sich und war gehorsam bis zum Tod, bis zum Tod am Kreuz« (Phil 2,7–8).

Hauptwallfahrtszeiten:
Mitte August bis Mitte Oktober mit den Hauptfesten: Mariä Himmelfahrt (15. August), Mariä Geburt (8. September), Fest der Sieben Schmerzen Marias (15. September), Rosenkranzfest (7. Oktober).

Köln

Erzbistum Köln

Aus Schutt und Asche (die Innenstadt war fast völlig zerstört) ist nach dem Zweiten Weltkrieg das »heilige Köln« mit seinen vielen Wallfahrtsstätten wieder in alter Herrlichkeit erstanden. Bereits in der Römerzeit war dort, wo heute in der Fußgängerzone die Hohe Straße verläuft, eine Siedlung, die nach der in Germanien geborenen Kaiserin Agrippina (Gemahlin des Kaisers Claudius, 41–54 n. Chr.) den stolzen Namen »Colonia Claudia Ara Agrippinensium« (CCAA = Monogramm der Stadt) erhielt.

Sehr früh schon hat hier das Christentum Fuß gefaßt. Als erster Bischof von Köln ist der heilige Maternus »ex Agrippina civitate« bezeugt, wie es ein Dokument aus dem Jahr 313 belegt. Der heutige Dom von Köln war zunächst dem Apostelfürsten Petrus geweiht. Die Blicke und Gebete richten sich aber hin zu jenem goldglänzenden, mit Edelsteinen und getriebenen Figuren reich ausgestatteten Schrein, in dem die Gebeine der heiligen drei Könige aufbewahrt werden.

Der mächtige Dom, der in der unmittelbaren Nähe des Kölner Hauptbahnhofes liegt, will nichts anderes sein als ein grandioser Überbau aus Stein, der sich über den Drei-Königen-Schrein wölbt – ein Bau, über den der Mönch Hildebrand in seinem Hildesheimer Kloster schrieb, er scheine »aus dem Fleiß eurer Hände und aus der Frömmigkeit eurer Herzen zu wachsen«.

Dort, wo heute der Kölner Dom steht, hatte Erzbischof Hildbold (eingeweiht am 27. September 870) den Alten Dom errichtet – eine der berühmtesten Kirchen ihrer Zeit, die mit sichtlichem Stolz noch im 13. Jahrhundert »Mutter und Meisterin aller Kirchen Germaniens« genannt wurde. Unter Erzbischof Kon-

Stadtansicht von Köln mit den Schutzpatronen, den heiligen drei Königen, und dem unfertigen Dom – geweiht dem heiligen Petrus und den heiligen drei Königen: »Templum S. Petri et S. Trium Regum«
(Ausschnitt aus einem Holzschnitt von Anton Woensam, aus dem Jahr 1531)

Ausschnitt aus einer Kölner Dreikönigserinnerung (18. Jh.). Die Anfangsbuchstaben C, M, B werden auch auf den Segensspruch »Christus Mansionen Benedicat« (Christus segne die Wohnung) zurückgeführt.

rad von Hochstaden (1238–1261) wurde der gotische Bau begonnen (Grundsteinlegung am 15. August 1248). Jahrhunderte haben an diesem mächtigen Bauwerk gearbeitet. 1560 wurde der halbfertige Bau eingestellt. Fast drei Jahrhunderte blieb diese Kirche eine Bauruine, vor allem ohne die Vollendung der beiden Türme. Von dem Eindruck, den der unvollendete Dom machte, schrieb Goethe (Von deutscher Baukunst, 1823): ». . . Hat eine bedeutende Ruine etwas Ehrwürdiges, ahnen, sehen wir in ihr den Konflikt eines würdigen Menschenwerks mit der stillmächtigen, aber auch alles nicht achtenden Zeit, so tritt uns hier ein Unvollendetes, Ungeheures entgegen, weil eben dieses Unfertige uns an die Unzulänglichkeit des Menschen erinnert, sobald er sich unterfängt, etwas Übergroßes leisten zu wollen.« Seine Vollendung hat der Kölner Dom erst am 15. Oktober 1880 in Anwesenheit des deutschen Kaisers Wilhelm I. erfahren.

Es scheint, daß über ihren Tod hinaus es zum Schicksal der heiligen drei Könige gehört, auf Wanderschaft zu sein, bis sie endlich in Köln ihre Bleibe und Ruhe finden konnten. Das Neue Testament berichtet zwar weder die Zahl noch die Namen noch den Beruf dieser »drei Könige«. Es heißt lediglich: »Als Jesus in den Tagen des Königs Herodes zu Betlehem in Judäa geboren war, kamen Weise aus dem Morgenland nach Jerusalem« (Mt 2,1). Aus der Dreizahl der Geschenke »Gold, Weihrauch und Myrrthe« (Mt 2,11) schloß man auf drei Könige, während man die Namen Caspar, Melchior und Balthasar außerbiblischen Quellen entnahm.

Schon sehr früh sind die Reliquien der heiligen drei Könige von Palästina nach Europa gekommen. Seit dem Anfang des 6. Jahrhunderts wurden sie in der Kirche San Eustorgio in Mailand verehrt. Als Beutestück, das Kaiser Friedrich Barbarossa nach einem erfolgreichen Feldzug gegen die Stadt Mailand seinem Berater und Erzbischof Reinald von Dassel zum Dank für seine Dienste übergab, gelangten die Gebeine der heiligen drei Könige nach Köln, wo sie am 23. Juli 1164 eintrafen. Eine Legende berichtet, daß diese kostbaren Reliquien durch eine schmale Öffnung in der Römermauer,

Blick auf den Dom zu Köln

Gotischer Hochchor des Kölner Doms

Grabstätte des Gesellenvaters Adolph Kolping in der Minoritenkirche / Köln

durch das heutige Dreikönigenpförtchen, in die Stadt Köln gebracht wurden. Der damals wohl berühmteste Goldschmied, Nikolaus von Verdun, verfertigte den Dreikönigenschrein (begonnen 1181, erst um 1220 vollendet).

Dieser berühmteste Reliquienschrein des Mittelalters (Holzkern mit Gold- und Silberblech überzogen; 2,10 m Länge) hat die Gestalt einer Basilika mit hohem Mittelschiff und niedrigen Seitenschiffen (heute steht er unter einer schützenden Glasvitrine im Chor des Domes; im oberen Schreinteil ruhen außerdem noch die Reliquien der heiligen Felix und Nabor).

Alljährlich, wenn am 6. Januar das Dreikönigsfest naht, ziehen – angeregt durch die Erinnerung an die heiligen drei Könige in Köln, das heute noch drei goldene Kronen auf rotem Grund im Stadtwappen führt – die Sternsinger durch Dörfer und Städte unserer deutschen Heimat. Bei der Hausweihe am Dreikönigsfest findet der alte Brauch wieder neue Wertschätzung, mit Kreide die Anfangsbuchstaben der Namen Caspar, Melchior und Balthasar mit

Teilansicht des Dreikönigsschrein

Dreikönigsschrein im Chor des Kölner Doms

Statue des Dominikanertheologen Albertus Magnus, der 1248/50 und 1257/60 in Köln lehrte

drei Kreuzen und der Zahl des begonnenen Jahres über die Haustüre zu schreiben.

Wallfahrt zum Schrein der heiligen drei Könige – was bedeutet das für unsere Zeit? Was die »Weisen aus dem Morgenland« (Mt 2,1) in Unruhe versetzt und auf ihren Weg des Suchens und schließlich des Findens geführt hat, war eine religiöse Erfahrung: »Wir haben seinen Stern gesehen und sind gekommen, ihn (den neugeborenen König und Messias der ganzen Welt) anzubeten« (Mt 2,1).

Öffnen wir unsere Herzen für den »Stern«, d. h. für den Sinn und das Ziel unseres Lebens! Lassen wir uns von diesem Stern führen und haben wir ebenso Mut wie Demut, den einen und einzigen Retter der Welt, den menschgewordenen Sohn Gottes, anzubeten. Es ist zu wenig, über Gott nur zu reden und Gott zu erkennen. Vom Erkennen muß der nächste Schritt zum Anerkennen führen um schließlich auf die Knie zu fallen und ihn, den einzigen Erlöser und Heilbringer der Menschen, anzubeten.

Kreuzberg

Bistum Würzburg

Fest steht das Kreuz, während der Erdkreis sich dreht und die Menschen sich wandeln.

Mit diesen Worten kann man jene Wallfahrtsstätte beschreiben, die sich nicht als Kirche repräsentiert, sondern als Gruppe von drei mächtigen Kreuzen auf dem 928 m aufragenden Kreuzberg in der Rhön das Ziel der auf den Straßen, die von Bischofsheim oder über Neuwildflecken heraufpilgernden Gebetsgruppen ist.

Der heutige Kreuzberg dürfte, wie alten Überlieferungen zu entnehmen ist, ein Orientierungszeichen der christlichen Mission im ganzen Frankenland gewesen sein. Bereits 686 hat an dieser Stelle der aus Irland stammende heilige Kilian ein Kreuz aufgerichtet. 1582 ließ der berühmte Würzburger Bischof Julius Echter von Mespelbrunn (1545–1617) drei Steinkreuze aufstellen. 1692 wurden durch Fürstbischof Philipp von Dernbach die jetzige Kirche und das Kloster geweiht.

Die eindrucksvolle Gruppe der drei Kreuze auf dem Kreuzberg schaut weit über das Land. Sie will dem Pilger nachdrücklich die Botschaft des christlichen Glaubens verkünden: Es gibt keinen anderen Retter, keinen anderen Heilbringer. Im Kreuz allein ist Heil. Vom Kreuz allein kommen Rettung, Freiheit und Zukunft. Man erinnert sich hier an die programmatischen Worte des Apostels Paulus, die er an die Christengemeinde von Korinth geschrieben hat: »Wir verkünden Christus, den

Franziskanerkloster mit Kirche auf dem Kreuzberg

Golgotagruppe auf dem Kreuzberg

Franziskaner des Kreuzbergklosters mit Bernhardiner

Gekreuzigten: Für die Juden ein Ärgernis, für die Heiden eine Torheit. Für die aber, die berufen sind, ob Juden oder Heiden, Christus als Gottes Kraft und Gottes Weisheit« (1 Kor 1,23–24).

O du hochheilig Kreuze,
daran mein Herr gehangen
in Schmerz und Todesbangen.
...
Du bist der Stab der Pilger,
daran wir sicher wallen,
nicht wanken und nicht fallen.
...
Zeig deine Kraft und Stärke,
beschütz uns all zusammen,
durch deinen heilgen Namen,
damit wir, Gottes Kinder,
in Frieden mögen sterben
als seines Reiches Erben.

Statue der heiligen Elisabeth (um 1470) in der Elisabethkirche zu Marburg

Marburg

Bistum Fulda

Wenn von den großen Gestalten der christlichen Caritas gesprochen wird, dann wird immer auch Elisabeth von Thüringen genannt. Es war ein überaus kurzes Leben von nur 24 Jahren, das Elisabeth geschenkt war. 1207 wurde sie geboren auf der Burg Sáros Patak in Ungarn, nahe der Grenze zur Tschechoslowakei, als Tochter des ungarischen Königs Andreas II. und seiner Frau Gertrud, gebürtig aus dem Geschlecht der Grafen von Andechs. Gestorben ist Elisabeth, die verwitwete Landgräfin von Thüringen, in der Nacht vom 16. zum 17. November 1231 in Marburg, das an der westlichen Grenze des Fürstentums Thüringen lag und wohin sie sich zurückgezogen hatte. Bereits vier Jahre nach dem Tod wurde sie am 27. Mai 1235 von Papst Gregor IX. in Perugia heiliggesprochen.

Über ihrem Grab in Marburg errichtete der Deutschorden die Elisabethkirche als ersten, rein gotischen Dombau in Deutschland (vollendet 1283). In ihrem Leben wie auch nach ihrem Tod war Elisabeth eine Heimatlose. Während der Reformationswirren (1539) ließ Landgraf Philipp von Hessen aus dem kostbaren Schrein ihre Reliquien entfernen. Der größte Teil davon ist nie wieder aufgefunden worden. Nur kleine Reliquienteile sind erhalten geblieben (ihr Haupt, Konvent der Elisabethinerinnen; in den Wirren des Dreißigjährigen Krieges kamen Reliquien auch nach Stockholm, wo sich das kostbare Reliquiar im Historischen Museum befindet).

In der heute evangelischen Elisabethkirche in Marburg erhebt sich über dem ehemaligen Grab der heiligen Elisabeth das alte, mächtige Mausoleum. Der kostbare, aber leere Elisabethschrein ist in der Sakristei der Elisabethkirche zu sehen. Katholische Pilger versammeln sich zum Gedächtnis der heiligen Elisabeth, der großen Frau der christlichen Caritas, in der

Elisabethkirche, erstes, rein gotisches Bauwerk in Deutschland –
Wahrzeichen der Stadt Marburg

Schloß mit Beleuchtung

Krypta der Pfarrkirche SS. Peter und Paul in Marburg.

Elisabeth ist und bleibt das herausfordernde Zeichen der »gekreuzigten Barmherzigkeit« (Alban Stolz), die bereit ist, alles zu geben. Sie wollte (wie ihre vier Dienerinnen bezeugten) in einer Zeit, da Reiche allzu oft auf Kosten ihrer Untertanen sich ein schönes Leben machten, »lieber die Verbannung und den Erwerb ihres Lebensunterhaltes durch ihrer Hände Arbeit wählen, als aus Raub und Plünderung der Armen ihren Unterhalt bestreiten«. Elisabeth ist im hohen Mittelalter bereits die Heilige des sozialen Gewissens, die als adelige Königstochter und später als Landgräfin von Thüringen auf jedes Sonderrecht verzichtete.

»Sie entäußerte sich« (Phil 2,7) und wollte arm sein um reich und freigebig sein zu können für jeden Armen. Was Elisabeth vorgelebt hat, war mehr als soziale Gerechtigkeit. Ihre Lebensentscheidungen sind von einer oft verwirrenden Kühnheit, die sich ganz der Fürsorge und Liebe Gottes überläßt. Es genügt nicht, den Menschen nur einen gedeckten Tisch zu geben. Was dazu noch gehört, hat Elisabeth von Thüringen mit den einfachen Worten gesagt: »Es ist unsere Aufgabe, die Menschen fröhlich zu machen!«

Seit 1945 befindet sich im Erdgeschoß des linken Turms der evangelischen Elisabethkirche das Grab des Generalfeldmarschalls und Reichspräsidenten Paul von Hindenburg († 2. 8. 1934) und seiner Frau (früher im Tannenbergdenkmal/Ostpreußen). Über dem Kreuzaltar hängt ein Krucifixus aus Bronze, 1918 von Ernst Barlach geschaffen und 1931 hier angebracht.

Maria Eich

Erzbistum München und Freising

Es war im Jahr 1712, als ein Hirte, Franz Thalmeier, ein Muttergottesbild erwarb und es in der Höhlung einer Eiche in der Nähe von Planegg bei München (heute auch erreichbar mit der S-Bahn) aufstellte. Die wachsende Eiche umschloß immer mehr das Marienbild, so daß es nur noch durch eine kleine Öffnung zu sehen war. Ein späteres Gelöbnis führte zur Errichtung einer kleinen Holzkapelle, die um den mächtigen Stamm der Eiche mit dem Marienbild erbaut wurde. Eine gemauerte Marienkirche, wiederum mit der Eiche und dem Gnadenbild in der Mitte, wurde am 17. Mai 1768 durch den Bischof von Freising eingeweiht.

Es wird außerdem auf einer heute noch erhaltenen Votivtafel berichtet, daß am 12. Oktober 1775 anläßlich einer Treibjagd, die Kurfürst Maximilian III. von Bayern (1745–1777) im Eichwald bei Planegg hielt, ein Hirsch an der Marienkapelle Schutz suchte. Der bayerische Kurfürst sah darin ein Gotteszeichen, verbot das Tier zu töten und gab ihm die Freiheit.

Ein nächtlicher Blitzschlag zerschmetterte 1805 die Krone der Eiche. Heute noch ist ihr mächtiger Stamm neben der Gnadenkapelle zu sehen.

Szene aus der Treibjagd im Eichwald bei Planegg mit dem bayerischen Kurfürsten Maximilian III. (Stich aus dem 19. Jahrhundert)

Maria Eich im 19. Jahrhundert

Votivtafel in Maria Eich,
auf der das Ereignis der Treibjagd
vom 12. Oktober 1775 festhalten ist

Maria Eich, eine Stätte der Stille und des Gebets inmitten grüner Wälder, ist jener vielbesuchte Wallfahrtsort, zu dem vor allem die Bewohner Münchens, einzeln oder in Pfarrprozessionen, pilgern. Der von der Hektik der Großstadt geplagte Beter kommt hier zur besinnlichen Ruhe. An der Hand Marias läßt er sich in die Tiefe des Glaubens führen. Gerade in dieser kleinen und doch so ansprechenden und zum Gebet einladenden Wallfahrtskirche wird ihm die beglückende Erfahrung geschenkt, daß mit der Entdeckung Gottes stets die Entdeckung des Menschen und damit die vertiefte Einsicht in Sinn und Ziel des Lebens verbunden ist.

s gekrönte Marienbild von Maria Eich,
strahlt von einer goldschimmernden Gloriole

Doppelseite 80 und 81:
Gesamtanlage von Maria Eich bei München
(links Kloster, in der Mitte der Freialtar,
dahinter mit Turm und Langhaus
die Wallfahrtskirche)

Maria Martental

Bistum Trier

Südwestlich von Kaiseresch (Kreis Cochem-Zell) liegt an der alten Straße Trier–Koblenz der Wallfahrtsort Maria Martental im sog. Muttergottesland der Eifel. Eine sehr weit zurückreichende Verehrung galt zunächst jenen Märtyrern, die (wie eine Legende berichtet) im Laufe des 3. Jahrhunderts in diesem Tal das Martyrium erlitten hatten. An ihrer Spitze stand Achatius, der zu den 14 Nothelfern gezählt wird und unter ihnen die erste Stelle einnimmt.

Bereits im Spätmittelalter kam es zu einer Verlagerung der Frömmigkeitsakzente, denn es trat mehr und mehr die Verehrung eines holzgeschnitzten Gnadenbildes (aus der zweiten Hälfte des 15. Jahrhunderts) in den Vordergrund: Maria – die Schmerzhafte Mutter (mater dolorosa) als Königin der Märtyrer (regina martyrum). An der Stelle der mittelalterlichen Wallfahrtskapelle wurde 1934 die heutige Wallfahrtskirche erbaut.

Maria, Königin der Märtyrer, erinnert uns an die Märtyrer der frühchristlichen Zeit. Sie läßt in das gläubige Bewußtsein auch jene vielen bekannten und noch mehr jene unbekannten und namenlos gebliebenen Märtyrer treten, die in unserem Jahrhundert für Christus und seine Kirche ihr Leben gelassen haben. Es gibt in der gesamten Kirchengeschichte nur wenige Epochen, deren Boden mit so viel Märtyrerblut getränkt ist wie der Boden des 20. Jahrhunderts. Das Leiden und Sterben gerade der Märtyrer unserer Zeit gibt in allem und trotz allem Hoffnung auf einen Frühling der Gnade. Noch immer hat sich bewahrheitet: Das Blut der Märtyrer ist der Same des christlichen Glaubens und der Zukunft der Kirche (Sanquis martyrum – semen christianorum).

Maria, Königin der Märtyrer, bitte für uns! Stehe vor allem jenen mit deiner Tröstung bei, die um Christi willen verfolgt werden!

Hauptzeiten der Wallfahrt:
Vor allem die Martentaler Festwoche, d. h. die Woche, in der das Fest der Sieben Schmerzen Marias (15. September) gefeiert wird.

Maria Rosenberg

Bistum Speyer

In einer Epoche der Kirchengeschichte, in der mit dem Einsatz der katholischen Laien sich große Hoffnungen verbinden, sollte auf Maria Rosenberg (10 km nördlich von Pirmasens) aufmerksam gemacht werden, weil dieser Ort gerade durch den Einsatz und die Opferbereitschaft von Laien zur meistbesuchten Wallfahrtsstätte der Pfalz geworden ist. Bereits im Spätmittelalter (1430) ist eine Kapelle am »Rosenberg« (= von Wald gerodeter Berg; erst 1738 wird von »Rosenberg« = Mons de Rosa gesprochen) als Mittelpunkt von Marienwallfahrten bekannt.

Seine heutige Bedeutung für das gesamte Bistum Speyer hat Maria Rosenberg erst im vergangenen Jahrhundert erhalten, als mehrere Laien sich zu einer »Jörg-Gesellschaft« im Sinne etwa einer Drittordensgemeinschaft mit dem Ziel zusammengetan hatten und dies auch durch eine unterschriebene Weiheformel (1853) bekräftigten, alles zu tun, damit auf dem Rosenberg eine eigene Priesterstelle errichtet wird. »Die frommen Idealisten ließen sich von ihrem Vorhaben, die Mittel für eine Priesterstelle auf dem Rosenberg zu beschaffen, durch

Blick hinauf zur Wallfahrtskirche Maria Rosenberg

Altar mit Gnadenbild in der alten Gnadenkapelle

keine Schwierigkeit abbringen. Was in der Heimat undurchführbar erschien, wollten sie in der Fremde erarbeiten. So suchten sie zuerst in Paris in einer Schuhfabrik Verdienst, wurden aber beim Ausbruch des Krieges 1870 wieder ausgewiesen. 1873 wanderten sie nach Nordamerika aus, wo sie dann ihr Leben lang für das Heiligtum ihrer Heimat arbeiteten und sparten« (Altbischof von Speyer, Dr. Isidor Markus Emanuel). Bis 1904 konnten sie die Summe von 200000 Goldmark für die Erfüllung ihres Gelübdes aufbringen.

Von den neun Mitgliedern der Jörg-Gesellschaft haben sechs (unter ihnen auch der Gründer Georg Helfrich †1895) in Amerika, zwei auf dem Friedhof Maria Rosenberg (Heinrich Depper †1912; Maria Anna Lickteig †1914) und eines im benachbarten Clausen (Katharina Schneider †1871) ihre letzte Ruhestätte gefunden.

Maria Rosenberg nimmt sich heute wie eine kleine »Stadt auf dem Berg« aus, deren Mittelpunkt die Gnadenkapelle, ein aus rotem Sandstein errichteter Bau (23,65 m lang, 6,30 m breit, Höhe bis zum Dachgesims 5,25 m), ist. In dem kleinen Innenraum dieser Gnadenkapelle öffnet sich hinter einem Triumphbogen der Chorraum, in dem der Hochaltar mit dem von einem Strahlenkranz umgebenen Gnadenbild (eine 90 cm große, aus Eichenholz geschnitzte und in kräftigen Farben gefaßte Barockmadonna: Maria mit dem Jesuskind) steht.

Die Gnadenkapelle befindet sich auf einem Innenhof, der umbaut ist von der großen Wallfahrtskirche mit einem Vorbau, die mit den finanziellen Stiftungen der Jörg-Gesellschaft erbaut und durch den damaligen Bischof von Speyer, Michael von Faulhaber, am 22. Mai 1912 konsekriert worden ist. Das Exerzitienhaus mit Pilgerhalle umsäumt ebenfalls das Freigelände um die Gnadenkapelle, auf deren Südseite der gern aufgesuchte Gnadenbrunnen steht. Eine Lourdesgrotte (1913) und ein Kreuzweg (1949) im nahen Waldpark geben dieser marianischen Stätte eine wohltuende, zur Besinnung und zum Gebet anregende Atmosphäre.

In einem Wallfahrtsgebet zur Gottesmutter in Maria Rosenberg heißt es:

»Sei gegrüßt, du Gnadenmutter von Maria Rosenberg!
Seit Jahrhunderten wirst du an diesen heiligen Stätten von ungezählten Gläubigen verehrt und angerufen als die geheimnisvolle Rose… Nimm all' unsere Anliegen in dein mütterliches Herz und trage sie zu deinem Sohne! Sei uns eine treue Gefährtin auf der Wallfahrt unseres Lebens hin zu dem herrlichen Ziel, das du schon erreicht hast, hin zu der ewigen Heimat, in die du uns vorausgegangen bist!
Gnadenmutter von Maria Rosenberg, bitte für uns!«

München

Erzbistum München und Freising

Die Landeshauptstadt des Freistaates Bayern wird liebevoll und durchaus richtig »Millionendorf« genannt. Trotz seiner Größe hat München etwas Heiteres, Dörfliches behalten, was auch von Touristen aus aller Welt als »bayerische Gemütlichkeit« empfunden wird. Wer nach München kommt, kann recht unterschiedliche Motive haben: Er geht (wie es zum Europa-Trip der meisten Amerikaner gehört) zum Hofbräuhaus oder er besucht festliche Opernaufführungen im Nationaltheater. Andere wiederum locken die imposanten Olympiaanlagen.

Für Interessenten der bayerischen Geschichte mag es sich lohnen, die Krypta von St. Michael mit den Grabstätten des Herzogs Wilhelm IV. (1508/79), des großen Kurfürsten von Bayern Maximilian I. (1597–1651) oder des Märchenkönigs Ludwig II. (1864/86) aufzusuchen. In der Fürstengruft der 1685 fertiggestellten Theatinerkirche (St. Kajetan) haben ihre letzte Ruhestätte erhalten: der Kurfürst und Türkenbesieger Max Emmanuel (1679–1726), der Kurfürst Maximilian III. Joseph (1745/77), König Max I. (1806/25), König Max II. (1848/64) sowie König Otto I. von Griechenland, der Prinzregent Luitpold (1886–1912) und der letzte bayerische Kronprinz Rupprecht. In der Basilika St. Bonifaz steht das Grab des Königs Ludwig I. (1825/48) und seiner Gemahlin Theresia (deren Namen heute noch die Theresienwiese, Schauplatz des weltberühmten Oktoberfestes, trägt).

Daß aber München auch eine religiöse Stadt ist und geblieben ist, bezeugt nicht nur sein Name »zu den Munichen« (zu den Mönchen), benannt nach einer kleinen Mönchssiedlung am Petersbergl. Auch das Stadtwappen trägt heute noch den Mönch, der die rechte Hand zum Schwur erhebt, während die linke Hand ein Buch hochhält. Liebevoll wird von Einheimischen und Fremden der Mönch im Münchner Wappen »Münchner Kindl« bezeichnet.

Das Jahr 1158, als Heinrich der Löwe die den Freisinger Bischöfen gehörende und wegen des Zolls überaus einträgliche Isarbrücke (der Fernstraße von Salzburg nach Augsburg) bei Oberföhring abbrannte und an der Stelle der heutigen Ludwigsbrücke »bei den Mönchen« einen neuen Übergang über die Isar errichtete, kann als die eigentliche Geburtsstunde Münchens bezeichnet werden. Neben einer kleinen Marienkapelle wird 1181 als erste und einzige Pfarrkirche St. Peter (der »Alte Peter«) urkundlich erwähnt. Als Heinrich der Löwe bei Kaiser Friedrich Barbarossa (1152/90) in Ungnade fiel, wurde ihm das bayerische Herzogtum genommen und dem Pfalzgrafen Otto von Wittelsbach am 13. Juli 1180 in einer feierlichen Versammlung (in sollemni curia) geschenkt. Bis zur Revolution 1918 hat das Haus Wittelsbach über Bayern segensreich und mit der »Liberalitas Bavarica« (wie es in der Eingangshalle der Klosterkirche in Polling zu lesen ist) regiert.

»München ist eine Spätberufene unter den großen Städten Europas. Rom, Mailand, Paris, Köln, Augsburg und andere hatten schon in dicken Lettern in das Buch der Geschichte eingeschrieben, ehe München ward . . . Im 16. Jahrhundert, da die Glaubenskämpfe entbrennen, ist München unter dem Regiment frommer Herrscher die Hochburg des katholischen Glaubens in ganz Europa. Die Jesuiten schlagen in München weithin sichtbar ihre Gezelte unter dem Banner des hl. Michael auf. Die Kapuziner und Karmeliter folgen nach. Um jene Zeit ist München die katholischste und frömmste Stadt nördlich der Alpen, eine Freude und ein Trost des Päpstlichen Legaten, der im Auftrag des Papstes die deutschen Fürsten besucht. Eine warme Marienverehrung und die Anbetung der hl. Eucharistie strahlen von München aus. Nicht bloß Altötting, auch das damalige München hat den religiösen Sinn des bayerischen Volkes für Jahrhunderte geprägt« (Lorenz Freiberger).

München ist eine Stadt der Kirchen, eine Stätte der Marienverehrung. Im Herzen dieser Stadt – in der Fußgängerzone – ragt die Mariensäule auf, errichtet unter dem großen Marienverehrer und bayerischen Kurfürsten Maximilian I. (1597–1651), von dem das Wort stammt: »Ein Fürst muß einer Kerze gleichen, die sich selbst verzehrt, indem sie andern leuchtet«. Auf der Vorderseite der Mariensäule sind jene Worte eingemeißelt, die anläßlich der Einweihung am 7. November 1638 der Kurfürst selbst gesprochen hat:
»Rem, Regem, Regimen, Regionem, Religionem
Conserva Bavaris Virgo Maria tuis«.
(Die Habe, den Herrscher, die Regierung, das Land, die Religion erhalte, Jungfrau Maria, deinen Bayern.)

An den vier Ecken des Marmorpodests sind vier Engel aus Erz angebracht, die mit ihren Schwertern Unheil abwenden und dazu auf

Feierliches Dankamt an der Mariensäule in München am Dienstag, 3. Oktober 1854, für die Abwendung der Pest

Schildern ihren Kampf (im Anschluß an Psalm 90) aussprechen:

Super aspidem	Über Schlangen,
Basiliscum	Basilisken
Et Leonem	und Löwen
Et draconem.	und Drachen.

Das Marienbild auf dem Schrannenplatz (der erst im 19. Jahrhundert den heutigen Namen »Mareinplatz« erhielt) ist in der wechselvollen Geschichte Bayerns immer wieder besucht und verehrt worden. In Zeiten, da Pest und Cholera in der Stadt München wüteten, wurden dort Bittämter gehalten. Zum Dank für Rettung aus Kriegsgefahr wurden hier Dankgottesdienst gefeiert. Von der großen Verehrung Marias durch die Bewohner Münchens zeugt ein Marienlied, dessen erste Strophe lautet:

»Maria, Himmelskönigin,
der ganzen Welt ein Herrscherin:
Maria, bitt für uns!
Du Herzogin in Bayern bist,
das Herzogtum dein eigen ist.
Darum liebreiche Mutter,
reich uns dein milde Hand,
halt deinen Schutzmantel ausgespannt
über das ganze Bayerland.
In München du ein Wohnung hast,
das zeiget an der schön Palast.
Maria, bitt für uns!«

Heute noch wird vor der Mariensäule die Eucharistiefeier am Fronleichnamstag abgehalten. Nach den Zerstörungen des Zweiten Weltkriegs wurde noch im Jahr 1945 das Marienbild unter großer Anteilnahme der katholischen Bevölkerung auf die Mariensäule zurückgebracht. Wegen des U-Bahnbaus mußte die Mariensäule entfernt werden. Als 1970 nach Vollendung der Baumaßnahmen die Mariensäule neu errichtet wurde, sprach der damalige Erzbischof von München, Kardinal Julius Döpfner, in seiner Weihepredigt:
»Da droben auf der Mariensäule steht die Frau mit der Krone. Wir grüßen sie mit gläubiger Überzeugung als die verherrlichte Königin.

Mariensäule auf dem Marienplatz von Münch
(zweimal wurde die Marienstatue abgetrage
1942/45 wegen der Bombengefahr und 1967/
wegen des Baus der U-Bah

CAFE AM DOM

Büste des Jesuitenpaters Rupert Mayer – in der Unterkirche der Bürgersaalskirche in der Fußgängerzone Münchens

Und doch möchten wir gerade auf diesem Hauptplatz unserer Stadt zu ihr sagen: Steige herab, Mutter, lege Krone und Zepter ab und gehe mit uns unter dem schönsten Titel, den du dir selber gegeben hast, als ›Magd des Herrn‹, hinein in die Straßen, die von hier auseinandergehen, hin zu den Menschen, die gerade in der gegenwärtigen Entwicklung der Gesellschaft der Liebe, des Verstehens, der Mitmenschlichkeit, eben der Mütterlichkeit so sehr bedürfen«.

Noch im Altstadtviertel Münchens liegt die Herzogspitalkirche, die 1550 (von Heinrich Schöttel) gleichzeitig mit dem Kloster der Servitinnen unter Herzog Albrecht V. (1550/70) erbaut wurde. Wie in den vergangenen Jahrhunderten gehen auch heute noch viele Einzelpilger mit ihren Sorgen und Nöten zur Schmerzhaften Mutter unter dem Kreuz. Zeitgenössische Berichte erzählen, daß sich an diesem Gnadenbild das Wunder der Augenwende am 21. Juni 1790 und an mehreren darauffolgenden Tagen ereignet habe.

Maria, die Schmerzensmutter unter dem Kreuz, lädt ein, mitleidend und mitbüßend das Geheimnis ihres gekreuzigten Sohnes nicht nur zu betrachten, sondern in das tägliche Leben zu übersetzen. Jünger Jesu sein, heißt heute mehr denn je, bereit sein zum Kreuz, zur Verspottung, zur Zurücksetzung. Christus nachfolgen heißt, mit Maria mutig und demütig jenen Weg mitzugehen, den er selbst vorausgegangen ist.

Nicht wenige Christen, die nach einem arbeitsreichen Tag durch die Fußgängerzone Münchens gehen, treten ein in der Unterkirche der Bürgersaalkirche (1709/10 nach den Plänen von Giovanni Antonio Viscardi [1645–1713] als Versammlungs- und Gebetsraum der 1610 gegründeten Männerkongregation erbaut), um am Grab des unvergessenen Jesuitenpaters *Rupert Mayer* († 1. November 1945) zu beten. Wann wird wohl dieser mutige Zeuge des Glaubens, der es in der NS-Zeit wagte, »sei es gelegen oder ungelegen« (2 Tim 4,2) die Botschaft Christi ohne Abstriche zu verkünden, heilig gesprochen werden? Viele Beter an seinem Grab warten sehnsüchtig auf diesen Tag.

Die wichtigsten Wallfahrtsstätten Münchens würden nicht genannt werden, wollte man zwei Wallfahrtskirchen – ursprünglich außerhalb der Bannmeile Münchens, seit 1864 innerhalb der Stadt Münchens – nicht erwähnen:

Seite 91: Maria Thalkirchen – Mutterpfarrei
Kirchen am linken Isarufer zwischen Solln und Schwa
Seite 92: Die Frauenkirche in München – seit
erste Kathedralkirche des Erzbistums München und Fre
Seite 93: Maria Ramersdorf – älteste Münchner Wallfahrtss

Maria Ramersdorf und Maria Thalkirchen. In Maria Ramersdorf wird ein Erasmus Grasser zugeschriebenes Gnadenbild, in Maria Thalkirchen ein wahrscheinlich von Gregor Erhard (um 1482) geschnitztes Marienbild verehrt. Bemerkenswert ist an beiden Wallfahrtsstätten der sogenannte »Frauendreißiger« (vom 15. August: Mariä Himmelfahrt bis zum 14. September: Fest Kreuzerhöhung).

Beide Wallfahrtsstätten sind (im gesamtdeutschen Bereich seltene) Doppelwallfahrtsorte – zur Muttergottes wie zum Heiligen Kreuz. Die Wallfahrer aus nah und fern stellen sich mit Maria unter das Kreuz Jesu Christi, wenn sie sich das Kreuzreliquiar mit den Worten: »Kreuz Christi, rette uns!« auflegen lassen. Marienverehrung und Anbetung des gekreuzigten Christus sind in der katholischen Frömmigkeit keine Gegensätze. Sie gehören zusammen. Letzter Sinn gerade der Marienverehrung ist es, an der Mitsorge und Mitverantwortung Marias für Botschaft und Werk ihres Sohnes teilzunehmen.

Wie sehr gerade die Marienverehrung in Ramersdorf einen Erstlingsplatz in der marianischen Frömmigkeit des gesamten Bayernlandes einnimmt, ist mit spürbarem Stolz aus einem alten, heute noch gesprochenen Gebet herauszuhören:

»Liebe Frau von Ramersdorf,
du wunderschön Prächtige
in deinem Goldenen Haus,
du erste Gnadenmutter unserer Stadt,
bitte für uns,
daß in unserer Stadt nie ende
die heilige Wallfahrt,
die Gnade des Vertrauens
und die Kraft des Gebetes.«

Neviges

Erzbistum Köln

In der Nähe von Velbert (Nordrhein-Westfalen), etwa 15 km südlich von Essen, bekannt als Zentrum der deutschen Schloß- und Beschläge-Industrie, liegt der Wallfahrtsort Neviges.

Durch Urkunde läßt sich der 25. Oktober 1681 als Beginn der Wallfahrten nach Hardenberg-Neviges exakt datieren. Damals kam der geheilte Fürstbischof von Paderborn und Münster, Ferdinand von Fürstenberg, auf seiner versprochenen Dankwallfahrt zum Bild der reinsten Jungfrau Maria. Kurze Zeit vorher hatte der Franziskanerpater Antonius Schirley den inneren Auftrag empfangen, ein kleines, unscheinbares Bild Marias vom Kloster Dorsten nach Hardenberg zu bringen: »Bring mich nach dem Hardenberg, da will ich verehret seyn« (Hardenberg war ein Besitz der Grafen von Hardenberg; Neviges war ursprünglich ein Flußname »Navigisa«).

Ausgerechnet der Kupferstich eines kleinen Marienbildes, das aus dem Gebetbuch »Kurtzer Begrieff des Himmlischen Palm-Gärtleins« (erschienen 1661 in Köln) herausgetrennt worden war und das Bild Maria Immaculata (Maria als die ohne Erbsünde Empfangene) zeigt, hat über drei Jahrhunderte immer größer werdende Scharen von Betern nach Hardenberg-Neviges pilgern lassen. Es erfüllte sich das Wort, das mit der Übersendung des Marienbildes in dem Begleitbrief stand: »...bewahret es mit schuldiger Ehrerbietung, und Gott wird sein Werck offenbar machen«.

Besonders in Zeiten der Not und der Anfechtungen ist das Marienheiligtum in Neviges eine Stätte des Gebetes und der Ermuti-

Seite 95: ▷
Oben:
Der stimmungsvolle Innenraum der neuen Wallfahrtskirche
Unten links:
Das Hardenberger Gnadenbild (Kupferstich)
Unten rechts:
Außenansicht der neuen Wallfahrtskirche »Maria, Königin des Friedens« (Baumeister Gottfried Böhm/Köln; 1968 eingeweiht)

gung gewesen, wie es die »Hardenberger Sturmandachten« (vom Jahr 1932 an) bezeugen, bei denen Tausende die Schwurhand zum Himmel erhoben und mit dem Lied: »... dir allein schwören wir ... bis in den Tod die Treue« ihre ungebrochene und opferbereite Liebe zu Christus bekundeten. Neben der alten Kloster- und Wallfahrtskirche (1720) wurde nach dem Zweiten Weltkrieg eine grandiose Pilgerkirche aus Stahlbeton, überdeckt mit einem freitragenden Betonfaltdach, erbaut (Grundsteinlegung 1966, Einweihung auf den Titel »Maria, Königin des Friedens« 1968). Man muß diese mächtige Pilgerkirche, die 7000 Menschen Platz bietet, ganz allein, aber auch voll von betenden und singenden Pilgern erlebt haben, um sich von ihrer herben und doch eindringlichen Sprache einfangen zu lassen und um gleichzeitig in etwa verstehen zu können, was ihr Architekt Prof. Gottfried Böhm (Köln) aussagen und anregen wollte.

Der Fußboden dieser Pilgerkirche ist mit holländischem Straßenklinker gepflastert. Wie Straßenleuchten umgrenzen Lichter den Versammlungsraum, der an einen großen Marktplatz erinnert, in dessen Mitte der Altar, ein 70 Zentner schwerer Natursteinblock aus den Abruzzen, steht. Eingefügt in die etwa 4 m hohe Mariensäule ist das alte Gnadenbild. Bemerkenswert ist auch die Kerzennische, die wie ein offener Kamin mit Rauchfang nach außen gebaut ist. Die Emporen dieser Pilgerkirche ragen wie Balkone in den gottesdienstlichem Raum herein, der von den hohen, farbigen Fenstern geradezu mystische Wärme empfängt. Stimmungsvoll und ausgestattet mit religiösen Kostbarkeiten ist die Unterkirche, die zur Meditation wie auch zum Empfang des Bußsakramentes einlädt.

Wie sehr dieser Wallfahrtsort des Ruhrgebietes die katholischen Christen in seinen Bann zieht, bestätigt die Zahl von 150000 Pilgern, die allein im Jahr 1977 nach Neviges kamen. Bemerkenswert ist, daß seit hundert Jahren die in Deutschland ansäßigen Polen alljährlich nach Neviges wallfahren, denen sich nach dem 2. Weltkrieg mit den Kroaten die Heimatvertriebenen aus Oberschlesien angeschlossen haben. Zu den berühmtesten Pilgern des Jahres 1978 (23. September) zählen der inzwischen verstorbene Primas von Polen, Stefan Kardinal Wyszynski, der begleitet wurde von dem damaligen Erzbischof von Krakau, Kardinal Karol Wojtyla, dem jetzigen Papst Johannes Paul II. In einem Seitengang der Wallfahrtsbasilika von Neviges hängt seither eine Abbildung der berühmten »Schwarzen Madonna« von Tschenstochau, die bei seinem Pilgerbesuch Kardinal Wyszynski gestiftet hat.

Das Gnadenbild Maria-Immaculata erinnert als eines der wenigen in ganz Deutschland an jenen Glaubenssatz, den Papst Pius IX. am 8. Dezember 1854 feierlich verkündet hat: »Die Lehre, daß die seligste Jungfrau Maria im ersten Augenblick ihrer Empfängnis durch einzigartiges Gnadengeschenk und Vorrecht des allmächtigen Gottes, im Hinblick auf die Verdienste Christi Jesu, des Erlösers des Menschengeschlechtes, von jedem Fehl der Erbsünde rein bewahrt blieb, ist von Gott geoffenbart und deshalb von allen Gläubigen fest und standhaft zu glauben.«

Kühn, ungewohnt und zum Nachdenken anregend ist die Wallfahrtskirche »Maria, Königin des Friedens« in Neviges: Ein Riesenzelt aus dem Baustoff unserer Zeit – für das pilgernde Gottesvolk unserer Zeit und, wie zu hoffen ist, auch kommender Jahrhunderte!

Sagt an, wer ist doch diese,
die vor dem Tag aufgeht,
die überm Paradiese als Morgenröte steht?
Sie kommt hervor aus Fernen,
geziert mit Mond und Sternen,
im Sonnenglanz erhöht.

Hauptwallfahrtszeit: Vom 1. Mai bis 31. Oktober.

Seite 97:
Wallfahrtskapelle auf dem Kreuzberg/Ottber

Ottbergen

Bistum Hildesheim

Zum 300. Jubiläumsjahr (1980) der Wallfahrt zum Kreuzberg bei Ottbergen (10 km östlich von Hildesheim; der Name »Ottbergen« dürfte von »Od« = Gut am Berg sich herleiten) schrieb der Bischof von Hildesheim Heinrich Maria Janssen: »Berge sind wie Hochaltäre inmitten der Natur. Kreuzberge sind Segensstätten«.

Eine alte Überlieferung berichtet, um 1670 habe ein Schäfer über dem Brink, einem der letzten Ausläufer der Harzlandschaft in die nordwestliche Tiefebene, dem heutigen Kreuzberg, bei hereinbrechender Dunkelheit ein mächtiges Lichtkreuz gesehen. In den Schrekken der Pestzeit sind immer wieder Prozessionen aus der benachbarten, bereits 1422 begründeten Pfarrei Ottbergen wie auch aus den umliegenden Stiftsdörfern gerade auf diesen, durch ein Zeichen Gottes markierten Kreuzberg heraufgestiegen um von Gott die Abwendung dieser Todesepidemie zu erflehen. Wahrscheinlich wurde 1714 eine erste Holzkapelle erbaut, die um die Mitte des 18. Jahrhunderts durch einen kleinen Steinbau ersetzt wurde.

Seit 1727 ist diese Kirche im Besitz eines Kreuzpartikels, so daß die Wallfahrt auf den Kreuzberg einen immer größeren Aufschwung nahm. Erst zu Beginn des 20. Jahrhunderts (1905) konnte die alte Kreuzkapelle, weil ein Neubau zu kostspielig gewesen wäre, mit einer Vorhalle mit Altar und einer überdachten Kanzel ausgestattet werden. Die zunehmende Zahl der Pilger, die von den Franziskanern betreut wurden, war den Machthabern im Dritten Reich ärgerniserregend. Um die Wallfahrtsstätte und auch die Pilger zu treffen, kam es im August 1941, kurz nach Beginn des Rußlandfeldzuges, zur Beschlagnahmung und Schließung des Franziskanerklosters und ihrer (1909 eingeweihten) Kirche und zwar unter Berufung auf das Gesetz »über die Einziehung volks- und staatsfeindlichen Vermögens«. Es darf als Fügung Gottes angesehen werden, daß ausgerechnet jener Priester, der Generalvikar Dr. Wilhelm Offenstein, der damals eigenhändig mit Hammer und Meißel das Reliquiengrab des Altars öffnete und es so der Profanierung entzog, am 22. Juli 1945 dieses wieder in die Altarplatte einfügen konnte.

Von Ottbergen mit seiner heutigen, 1714/21 erbauten Pfarrkirche St. Nikolaus führt ein Kreuzweg mit 14 Stationen zur Wallfahrtskirche hinauf, der 1961 (von Ruth Landmann/Osnabrück) in bunter Keramik neugestaltet wurde. Der schlichte, mit einer Flachdecke ausgestattete Innenraum der Wallfahrtskirche läßt keine Ablenkung zu, denn er führt den Blick des Beters ausschließlich hin zu dem mächtigen Kreuz über dem Altar. Der Kreuzpartikel ist eingefügt in ein großes Silberkreuz, dessen Balkenenden mit vier vergoldeten Reliefs versehen sind, in die die Symbolzeichen und Namen der vier Evangelisten eingearbeitet sind.

Die Wallfahrtskapelle auf dem Kreuzberg über Ottbergen – möge sie wie in der Vergangenheit so auch in der Gegenwart und Zukunft eine Segensstätte bleiben!

Paderborn

Erzbistum Paderborn

Wie so manche Stadt ist auch Paderborn, das seinen letzten und schwersten Bombenangriff am 27. März 1945 erlebte und fast völlig zerstört wurde, aus Schutt und Asche zu neuem Leben erstanden. Man muß es den fleißigen und sachkundigen Westfalen bescheinigen, daß beim Wiederaufbau eine Synthese gelang, in der Ehrfurcht vor der Tradition mit dem Mut zum Gestaltungswillen der Gegenwart sich glücklich verbinden.

Seit der karolingischen Zeit, als sich hier 799 Kaiser Karl der Große mit dem Papst Leo III. zu dreimonatigen Beratungen traf, verknüpfen sich in Paderborn die Fäden der deutschen Geschichte und des christlichen Glaubens. Inmitten der Stadt steht machtvoll der Dom, den Bischof Meinwerk (†1036) begonnen hat. Der nach der Zerstörung im Zweiten Weltkrieg neuerbaute Dom fesselt bereits in seinem Außenbau durch die hohen Giebelfenster und durch sehenswerte Portale: Rote Pforte um 1230 (Nordseite), Paradiespforte um 1250 (Vorhalle der Südseite) und Brautportal um 1270/80 (südliches Querschiff).

Betritt man das Innere dieses Bischofsdoms (seit 1930 ist Paderborn Sitz eines Erzbischofs), wird der Blick hingeführt zum Altarbereich des Hochchors (um 1420/40), wo der goldschimmernde Liboriusschrein (1627 von dem Goldschmied Hans Krako von Dringenberg gefertigt) steht. Ursprünglich wurde in Paderborn der heilige Kilian hoch verehrt (1957 wurden Reliquienteile in der Kiliansbüste gefunden). Als aber im Jahr 836 unter Bischof Badurad (815–862) die Reliquien des heiligen Liborius von Le Mans nach Paderborn kamen, überstrahlt dieser Heilige aus der christlichen Frühzeit (er war Zeitgenosse von Martin von Tours) den bisherigen Volksheiligen Kilian.

Liborius (348–397) war Bischof der französischen Stadt Le Mans. Nach gut bezeugter

Chorraum des Doms mit Liboriusaltar

Blick auf die Stadt Paderborn mit Dom

Krypta im Dom

Überlieferung hat ihn der heilige Martin von Tours am Sterbebett besucht und ihn nach seinem Tod am 9. Juni 397 auch in Le Mans bestattet. Mit der Reliquienübertragung im 9. Jahrhundert wurde zwischen Le Mans und Paderborn eine ewige Gebetsverbrüderung (confraternitas) beschlossen – ein Vorbild der vielen deutsch-französischen Städtefreundschaften, die nach dem Zweiten Weltkrieg abgeschlossen wurde.

Was der heilige Bonifatius für Fulda, der heilige Korbinian für Freising ist, das ist der heilige Liborius für Paderborn. Der Bischof aus der Fremde, der in Paderborn nicht gewirkt hat, ist erstaunlicherweise zum Patron des Domes und des Erzbistums Paderborn geworden. Man muß die Libori-Feste miterlebt haben, um die große und tiefe Verehrung zu verspüren, die seit über 1000 Jahren diesem Heiligen entgegengebracht wird.

Heiliger Liborius, bleibe auch weiterhin Fürsprecher für deine erste französische wie für deine zweite deutsche Heimat!
Heiliger Liborius, hilf Brücken des Gebetes und der Versöhnung zu schlagen zwischen dem französischen und deutschen Volk!

Liboriusschrein

Partenkirchen

Erzbistum München und Freising

Daß es auch an dem berühmten Olympiaort Garmisch-Partenkirchen eine Wallfahrtsstätte gibt, ist sicherlich den meisten Touristen und Erholungssuchenden, die ins Werdenfelser Land kommen, kaum bekannt. Im Ortsteil Partenkirchen (bereits in der Römerzeit gab es die Siedlung »Partanum«, während Garmisch als »Germarisgave« um 790 n. Chr. bezeugt ist), dort wo die letzten Häuser und Villen am Fuß des Wank gebaut sind, beginnt ein besinnlicher Kreuzweg mit kleinen gemauerten Kapellchen, der hinaufführt zur Wallfahrtskirche St. Anton.

Sicherlich einzigartig ist, daß auf großflächigen Votivbildern im Inneren der Kirche der heilige Antonius von Padua (1195–1231) als Feldherr mit Schärpe und gezogenem Degen zu sehen ist. Ob sich der heilige Antonius im Himmel selbst darüber wundert? Die Verehrung des heiligen Antonius ist anläßlich der Feier seines fünfhundertsten Geburtstages im Jahr 1695 vor allem an den Orten, die an der berühmten Paßstraße von Italien über den Brenner nach Tirol und über Scharnitz nach Bayern liegen, mächtig angeregt worden.

Der heilige Antonius, Patron der Liebenden und der Eheleute, aber auch leidenschaftlich angerufener Wiederbringer verlorener Dinge, wurde während des Spanischen Erbfolgekrieges (1701–14) von der Partenkirchner Bevölkerung als Schützer der Heimat angerufen. Ihren Dank für die Rettung aus Kriegsnot haben vier Partenkirchner Bürger dadurch abgestattet, daß sie am Westhang des Wank an Stelle einer kleinen, bereits vorhandenen Antoniuskapelle ein gemauertes, achteckiges Heiligtum errichteten (1704). Unter Pfarrer Samweber wurde dieses Oktogon im Jahr 1734 durch den Wessobrunner Josef Schmuzer durch den heutigen, elliptischen Kirchenbau mit einer Kuppel erweitert (1739 ausgemalt von Johann Evangelist Holzer).

Als am Ende des Zweiten Weltkrieges 1945 Garmisch-Partenkirchen wiederum von Zerstörungen verschont blieb, dankte die Marktgemeinde dem heiligen Antonius mit dem Gelöbnis, alljährlich zum »Antonitag« einen feierlichen Dankgottesdienst zu halten. Auch diese Rettung aus Kriegsnot wurde auf einem großen Votivbild festgehalten, auf dem neben amerikanischen Panzern und betenden Bürgern der heilige Antonius als der große Not-Wender dargestellt ist.

Was St. Anton vor allem der Partenkirchner Pfarrgemeinde und der gesamten Bevölkerung des Werdenfelser Landes bedeutet, wird ersichtlich aus den vielen, meist holzgeschnitzten Gedenktafeln, die im gedeckten Umbau dieser Wallfahrtskirche zu sehen sind und an ein Memento für Gefallene des Ersten und

Gnadenbild des heiligen Antonius in der Wallfahrtskirche St. Anton in Partenkirchen

Kreuzwegstation im überdachten Umgang von St. Anton

Kreuzigung Jesu Christi im Treppenaufgang der St.-Anton-Kirche

Gesamtanlage von St. Anton

Votivtafeln in der Wallfahrtskirche St. Anton

Zweiten Weltkrieges erinnern wollen. Wer von der Brüstung dieses Umgangs hinunterschaut in das Tal mit den Häusern und Straßen von Garmisch-Partenkirchen, das im Hintergrund durch die mächtige Kulisse der Alpspitze, der Zugspitze und der beiden Waxensteine abgegrenzt wird, und gleichzeitig die wahrhaft selige Stille auf sich wirken läßt, wird die erlebte Natur- und Gottverbundenheit mit den Worten aussprechen: »Herr, hier ist gut sein!«

Heiliger Antonius,
breite auch weiterhin
deine schützenden Hände aus
über unser Volk und Land!
Erflehe den Leidenden Gottes Tröstung,
den Verzweifelnden neues Gottvertrauen,
den Verstorbenen und Gefallenen
die Freude der ewigen Herrlichkeit
und uns ein Wiedersehen mit ihnen!

Zur Verehrung der fünf Wunden Jesu lädt ein die Kapelle in der unmittelbaren Nähe von St. Anton

◁
Seite 104: Hochaltar der Wallfahrtskirche St. Anton

Passau

Bistum Passau

Gegenüber der Landzunge, die durch den Zusammenfluß von Inn, Donau und Ilz entsteht und auf der die Altstadt von Passau mit dem St. Stefansdom erbaut ist (es mag nicht uninteressant sein zu erinnern, daß bei der Christianisierung donauabwärts in Wien wie in Budapest ebenfalls Stefansdome errichtet wurden), steht auf dem Schulerberg die Wallfahrtskirche Mariahilf mit ihren charakteristischen Doppeltürmen.

Diese Wallfahrtskirche hatte eine erstaunliche Ausstrahlung, die über viele deutsche Länder und weit darüber hinaus ausgegangen ist. Das Passauer Mariahilf-Bild wurde die »Deutsche Madonna«. An den europäischen Landstraßen über den Brennerpaß bis nach Rovereto und an allen Uferorten der Donau und ihrer Nebenflüße hat man die »Passauer Helferin« als Beschützerin gekannt und verehrt.

Die Maria-Hilf-Verehrung in Passau setzt zu Beginn der Neuzeit ein. In recht seltsamer Weise verknüpfen sich damit die Wege der Reformation und der aus dem Konzil von Trient hervorgehenden, erneuerten katholischen Kirche. Im Jahr 1611 erhielt Leopold, Erzherzog von Österreich und zugleich Fürstbischof von Passau (1598–1625), als Gastgeschenk des sächsischen, protestantischen Kurfürsten Johann Georg I. (1611/56) ein kleines, ursprünglich auf Holz gemaltes Marienbild, das aus der Hand des in Kronach geborenen Lucas Cranach des Älteren (1472–1553) stammte. Das Originalbild war zunächst in der Kirche zum heiligen Kreuz in Dresden aufgestellt, wurde aber 1520 dort entfernt und in die Gemäldegalerie in Dresden gebracht. Fürstbischof Leopold ließ dieses kleine Cranachbild in der Kapelle seiner Passauer Bischofsresidenz aufstellen. 1619 nahm Erzherzog Leopold V., inzwischen Landesfürst von Tirol geworden, dieses Marienbild mit in die Hofburg seiner Vaterstadt Innsbruck. Im Jahr 1650 ist es eingefügt worden in den Hochaltar der Innsbrukker Pfarrkirche St. Jakob, die seit 1964, als Innsbruck Bistum wurde, zur Bischofskathedrale erhoben wurde. Dort ist heute noch im Hochaltar das originale Cranach-Bild zu sehen und zu verehren.

Es war eine glückliche Fügung, daß bereits 1611, als das originale Cranach-Bild nach Passau kam, der Passauer Domdekan Markward Freiherr von Schwendi durch den Passauer Maler Pius von dem Marienbild Cranachs eine vergrößerte (130 cm) Kopie anfertigen ließ. Es war ausgerechnet diese Kopie des Cranach-Bildes, die zum Kultbild einer weltweiten Verehrung wurde. Eine geradezu europäische Ausstrahlung erhielt dieses Passauer Maria-Hilf-Bild durch die Belagerung Wiens und durch den Sieg über die Türken im Jahr 1683. Nicht bloß daß der damalige Kaiser Leopold I. (1657–1705) mit Pfalzgräfin Eleonora vor dem Maria-Hilf-Bild in Passau seine Ehe (1676) geschlossen hatte, hat dazu Anregung gegeben. An das Ereignis dieser Kaiserhochzeit erinnert heute noch die sogenannte siebenarmige »Kaiserampel« in der Passauer Maria-Hilf-Kirche, die von Kaiser Leopold I. gestiftet wurde (gefertigt vom Augsburger Goldschmied Lukas Lang). Während der Türkenbelagerung war das Kaiserpaar in Passau und betete täglich vor dem Maria-Hilf-Bild um Rettung aus der Türkengefahr. Der Tag des Sieges über die Türken, der 12. September (1683), wurde als Fest Mariä Namen durch den Papst Innozenz XI. (1676–1689) in den liturgischen Kalender der Kirche aufgenommen.

Bereits nach der Seeschlacht von Lepanto 1571 wurde Maria der Ehrentitel »Hilfe der Christen« gegeben und als Anrufung in die Lauretanische Litanei eingefügt.

Mit welcher Liebe und Herzlichkeit Maria als Hilfe der Christen verehrt wurde, geht aus einer Beschreibung des Passauer Maria-Hilf-Bildes hervor, die aus dem vergangenen Jahr-

Mariahilf-Wallfahrtskirche in Passau mit Flößerprozession (Stich aus dem 19. Jahrhundert).

hundert stammt. Dort ist zu lesen: »Die Form des Bildes anbelangend ist die seligste Gottesmutter dargestellt, wie sie in sitzender Stellung ihr göttliches Kind mit beiden Händen umfaßt, und zwar so, daß das Christkind mit dem linken Füßchen auf ihrem linken Kniee steht, das rechte Füßchen um ihren untergehaltenen linken Arm schlingt, und mit überaus lieblicher Zärtlichkeit an Maria sich anschmiegt. Die Mutter Gottes trägt ein blaues Kleid und roten Mantel, der von den Schultern herabhängend, über die Kniee zusammengefaltet ist. Über Mariens und auch des Jesuskindes Haupt breitet sich ein feiner, durchsichtiger Schleier aus, wie auch ein dichterer, weißer Schleier, mit einem schwarzen Schnürchen eingefaßt, und mit schwarzen Kreuzlein versehen, den Hals der seligsten Jungfrau umschließt und bedeckt.«

Es mag durchaus wissenswert sein, zu hören, wie man im christlichen Volk den Ruf »Maria hilf!« sich erklärte. In der Nacht, da Josef zur Flucht nach Ägypten aufgefordert wurde, habe sich (so erzählt eine Legende) das Jesuskind mit kindlich zärtlicher Liebe an die Mutter Maria geschmiegt und dabei ausgerufen: Mutter hilf! Maria hilf!

Vom Gnadenberg in Passau aus hat der Maria-Hilf-Kult zunächst in Amberg (Oberpfalz) und Vilsbiburg (Niederbayern), dann in München (mit einer berühmten Erzbruderschaft), Dillingen, Innsbruck und Wien bedeutsame Gebetszentren erhalten. Wer kennt nicht jenes Sturmgebet zu Maria, der Hilfe der Christen, das Millionen von Christen gesprochen haben und gewiß auch in Zukunft noch sprechen werden, das mit den Worten beginnt:

Jungfrau, Mutter Gottes mein,
Laß mich ganz dein eigen sein!
Dein im Leben und im Tod,
Dein in Unglück, Angst und Not;
Dein in Kreuz und bitterm Leid,
Dein für Zeit und Ewigkeit.
Jungfrau, Mutter Gottes mein,
Laß mich ganz dein eigen sein!

Seite 109:
Wendelinuskapelle auf dem Werthe
(Kreis F

Petersberg

Bistum Fulda

In der Nähe von Petersberg (Kreis Fulda) steht auf dem Werthesberg die Wendelinuskapelle, die aus jener Zeit stammt, in der dieser, der heilige Wendelin landauf landab ein hochverehrter Patron der Landbevölkerung und ihrer Anliegen gewesen ist. Das heutige Kirchlein geht zurück auf eine sehr kleine Holzkapelle, die nur 2 m breit war und 1761 von dem Bildschnitzer Hans Schwarz aus dem benachbarten Steinhaus erbaut wurde.

Damals wurde das Land von einer schrecklichen Viehpest heimgesucht. Eine fromme Überlieferung erzählt, der heilige Wendelin selbst, der Schutzheilige für Flur und Vieh (sein Grab befindet sich in der Wendelin-Basilika in St. Wendel/Saar), habe den Bildschnitzer aufgefordert, er solle eine kleine Kapelle ihm zu Ehren errichten, dann würde das Viehsterben aufhören. Unterstützt von Bewohnern der Umgebung machte sich Hans Schwarz an die Arbeit und erbaute die erste Wendelinuskapelle. Auf Grund seiner künstlerischen Fähigkeiten war es ihm eine besondere Freude, diese Kapelle mit einer Vielzahl von Heiligenstatuen, die leider nicht mehr vorhanden sind, auszustatten.

1881 wurde diese erste Kapelle vergrößert und nach einer Umgestaltung im neugotischen Stil durch den Bischof von Fulda Damian Schmitt am 20. Oktober 1908 eingeweiht. Das Fest des heiligen Wendelin (20. Oktober) wird über die Jahrhunderte hinweg auf dem Werthesberg feierlich begangen. Tausende von Pilgern kommen herauf zur Wendelinuskapelle, um dankend und bittend die Eucharistie mitzufeiern und sich auch die Wendelinusreliquie auflegen zu lassen.

Rulle

Bistum Osnabrück

Es muß aufhorchen lassen, wenn im Umkreis von Osnabrück das Wort umgeht: »Alle Wege führen nach Rulle«. Wenn auch für Rulle (der Name dürfte »Waldrodung« bedeuten) erst 1233 urkundlich eine eigene Kirche bezeugt ist, so dürfte doch die Bevölkerung dieses Landstriches bereits während der Regierungszeit des Kaisers Karl d. Gr. (768–814) um 800 n. Chr. christianisiert worden sein. Es ist gewiß erstaunlich, daß die um 1150 aus Bruchsteinen im romanischen Stil erbaute Kirche heute noch steht und in die große Wallfahrtskirche unseres 20. Jahrhunderts mit großem Verständnis einbezogen worden ist.

Rulle ist in der Geschichte Niedersachsens durch sein Zisterzienserinnenkloster (aufgehoben 1803) bekannt, dem wegen einer heute noch fließenden Quelle mit heilkräftigem Wasser der Name »Marienbrunn« gegeben wurde. Berühmt wurde dieses Kloster durch bedeutsame Handschriften (z. B. Codex Gisle). Eine aufregende Sensation für die Bewohner von Rulle war 1347 das Blutwunder. Im Zusammenhang mit dem Diebstahl einer Elfenbeindose, in der konsekrierte Hostien sich befanden, soll sich dieses Blutwunder ereignet haben. Diese Elfenbeindose ist in die »Blutmonstranz« (1652) eingefaßt worden. Mit der Verehrung des kostbaren Blutes Christi hat sich später die Verehrung der Schmerzensmutter Maria (barockes Vesperbild eines unbekannten Meisters, um 1700) verbunden.

1928/30 gelang es, durch einen Erweiterungsbau, der alle geschichtlich gewachsenen Teile der früheren Kirche überzeugend einbezogen hat, der Pfarrgemeinde und den Pilgern eine mächtige Pfarr- und Wallfahrtskirche mit einem Fassungsraum für etwa 2000 Pilger zur Verfügung zu stellen (eingeweiht 1940). Damit konnte auch die um 1150 im romanischen Stil erbaute Gnadenkapelle, in der heute das Gnadenbild der Schmerzensmutter steht, gerettet werden.

An Festtagen wird über dem 1980 errichteten, neuen Hochaltar aus Ibbenbürenem Sandstein das Heiligste Sakrament in der Blutmonstranz ausgesetzt. Rulle ist einer der wenigen Wallfahrtsorte mit zwei Gebetsintentionen – der Anbetung des kostbaren Leibes und

Blutes Jesu Christi in der Blutmonstranz wie der Verehrung der Schmerzensmutter Maria im Vesperbild der Gnadenkapelle. Rulle kann sicherlich nicht mit großen Zahlen von Wallfahrern aufwarten. Es gehört eher zu den »stillen« Wallfahrtsstätten, die gerade Einzelpilger und kleine Gruppen anziehen. Mit den katholischen Bewohnern Niedersachsens schließen sich die hier angesiedelten Heimatvertriebenen von Jahr zu Jahr enger zu einer großen Gebetsgemeinschaft zusammen.

Vieltürmige Gesamtanlage der Pfarr- und Wallfahrtskirche in Rulle

Sammarei

Bistum Passau

Der seltsame und ungewöhnliche Ortsname Sammarei (Landkreis Passau; an der Straße Vilshofen-Griesbach) leitet sich her von »Sancta Maria« (= Sankt Marei = Samarei) her. Sammarei ist mit seiner über 450 Jahre alten Gnadenkapelle eine der originellsten Wallfahrtsstätten Bayerns und zwar deshalb, weil eine alte, hölzerne Gnadenkapelle durch eine spätere, größere Wallfahrtskirche überbaut wurde. Wegen dieser Ähnlichkeit mit Assisi oder Loreto hat man Sammarei »Bayerisches Assisi« bzw. »Bayerisches Loreto« genannt.

Bereits Ende des 13. Jahrhunderts ist in einer Besitzbeschreibung des Zisterzienserklosters Aldersbach ein Gutshof »ad sanctam Mariam« (ze Sandmarein) urkundlich belegt. In der Nähe dieses Gutshofes stand vor 1521 eine Holzkapelle, die dadurch als auserwählte Stätte der Fügung und der Gnade Gottes, ja als »Wunderkapelle« berühmt wurde, weil sie während eines Brandes 1619 als einziges Gebäude vom Feuer verschont geblieben ist. Die unversehrte Holzkapelle erregte von Jahr zu Jahr größeres Aufsehen und zog neben Schaulustigen immer größere Pilgerscharen an.

Noch während des Dreißigjährigen Krieges (1629) wurde der Grundstein für eine neue Wallfahrtskirche gelegt, wobei zur Bedingung gemacht war, daß die hölzerne Wunderkapelle unangetastet in die Gesamtplanung einbezogen werden muß. Mit welchem Eifer man an die Erbauung der neuen Wallfahrtskirche ging, geht daraus hervor, daß bereits zwei Jahre später (1631) die Einweihung stattfinden konnte.

Wer die heutige, barocke Wallfahrtskirche Sammarei (Patrozinium Mariä Himmelfahrt:

Oben: Rokokoanlage des Gnadenaltars in der Holzkapelle
Unten: Gnadenbild

Seite 113: ▷
Wallfahrtskirche in Sammarei

Die überbaute Holzkapelle in der Wallfahrtskirche Sammarei

Umgang der Gnadenkapelle mit Votivbildern

15. August) betritt, findet sich in einem lichtdurchfluteten, einschiffigen Kirchenraum vor, der im Chorbogen durch eine fünfteilige, bemerkenswerte Altarwand abgeschlossen ist. In der Mitte dieser ikonostasenähnlichen Altarwand läßt der hohe Chorbogen, der von oben her etwa in Zweidrittel-Länge durch ein Bild Mariä Himmelfahrt verhängt ist, in seinem unteren Drittel den Blick frei auf den Gnadenaltar in der alten Holzkapelle.

In die Rokokoanlage dieses Gnadenaltars (1772) ist in einem kostbaren Rahmen das Gnadenbild, Maria mit dem Jesuskind, eingefügt, das eine auf Leinwand gemalte Kopie (1631) eines spätgotischen Marienbildes darstellt, dessen Original in der St. Jakobs-Kirche in Straubing sich befindet. Unter dem Tabernakel steht in einer mit einem Gitter verschlossenen Nische (Predella) das (wohl ursprüngliche) von Jakob Brendl aus Pfarrkirchen (1640) geschaffene Vesperbild, die Schmerzensmutter Maria mit ihrem toten Sohn auf dem Schoß. Unter den Hochaltarflügeln sind rechts und links Durchgänge, die in einen halbkreisförmigen Umgang hinführen. Nahezu 1300 Votivbilder (Ex voto) an den Wänden der Holzkapelle und des Umgangs zeugen von dem Vertrauen wie auch von dem Dank, die seit Jahrhunderten betende Menschen nach Sammarei geführt haben.

Sammarei wird gewiß in unserer Zeit neben Kunstinteressenten vor allem Menschen anziehen, die mit ihren Sorgen und Anliegen zu Maria kommen um sich von Maria trösten und zu ihrem göttlichen Sohn hinführen zu lassen: »Tut alles, was er euch sagen wird« (Joh 2,5).

St. Wendel

Bistum Trier

»Ein Bollwerk des Glaubens, ein Denkmal der Frömmigkeit, eine mächtige Schutzwehr der Bürgerschaft« hat Papst Johannes XXIII. im Jubiläumsdekret vom 22. April 1960, durch das die Pfarrkirche St. Wendel die Würde einer Basilica Minor verliehen wurde, die Kirche des heiligen Wendalinus in der nach ihm benannten Stadt im Saarland gerühmt. Die große und repräsentative Wendalinusbasilika mit ihrer mächtigen Westturmanlage prägt das Bild der Stadt St. Wendel.

Die erste Besiedlung (Basona villare – Bosenberg) im oberen Bliestal reicht in die Zeit unmittelbar vor der Regierung des Kaisers Karl d. Gr. (768–814) zurück. Wenn auch über Leben und Wirken des heiligen Wendalin (†617) nur spärliche Nachrichten vorhanden sind, so konnte doch die geschichtlichen Nachforschungen die allemannisch-fränkische Herkunft dieses Volksheiligen, dessen Leben mit immer neuen Legenden umrankt wurde, nachweisen (Josef Führich hat in 13 Bildern diesen Legendenzyklus des heiligen Wendelin dargestellt). In der Überlieferung wird bald von Wandelinus, Wendalinus, bald von Waldenus und Wendelinus gesprochen. Diese Namen weisen weniger auf eine keltisch-iroschottische, sondern eher auf eine germanisch-fränkische Sprachwurzel hin.

Ob der heilige Wendelin schottisch-königlicher Herkunft war, ob er Einsiedler und Wandermissionar, Mönch oder Abt des Klosters Tholey oder sogar Bischof gewesen ist, läßt sich nicht sicher belegen. Geschichtlich sicher ist jedoch die Kenntnis des ersten Grabheiligtums des heiligen Wendelin, denn in einer Schenkungsurkunde (1180) der Zisterzienserabtei Wörschweiler wird bereits von einer Kirche in St. Wendel gesprochen. Es könnte sich dabei um eine Maria-Magdalena-Kapelle

Der heilige Wendelin als Hirte (Einblattdruck um 1500)

gehandelt haben, in der vielleicht der heilige Wendelin seine erste Grabstätte erhalten hatte. Sehr bald schon (vor 1300) wurde neben der Magdalena-Kapelle eine Pfarr- und Kapitelkirche in St. Wendel errichtet, die in einer Urkunde vom 29. März 1319 als »Kirche des heiligen Bekenners Wendelinus« bezeichnet wird.

Grundriß der heutigen Pfarrkirche St. Wendel

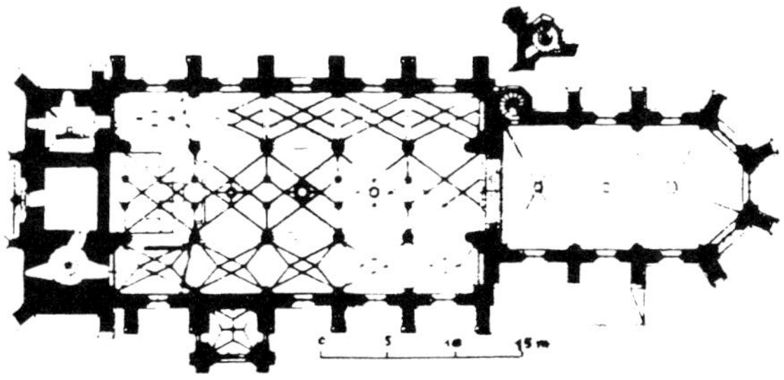

Das heutige Grabheiligtum ist in drei Bauperioden entstanden: Der gotische Ostchor, in den damals die Reliquien des heiligen Wendelin übertragen wurden, wurde am 5. Juli 1360 eingeweiht – die Westturmanlage wurde um 1400 errichtet (1753 wurde sie mit einem barocken Laternenhelm gkrönt) – das gotische, dreischiffige Langhaus (Fertigstellung um 1450), das zwischen den freistehenden Ostchor und den freistehenden Westturm als Verbindungsstück eingebaut wurde. Aus diesen drei

Bauelementen ist die heutige St. Wendalinus-Basilika (Gesamtlänge der inneren Kirche 51,90 m) entstanden. Noch heute lassen sich die drei Bauteile deutlich erkennen, denn sie weisen unterschiedliche, nach Süden verschobene Längsachsen auf, außerdem beträgt der Lageunterschied vom Ostchor zur Turmhalle 90 cm.

In der Apsis der dreischiffigen, gotischen Hallenkirche befindet sich – seit der überaus geglückten Renovierung 1979/81 – die Wendelin-Tumba (um 1500) vor den Stufen zum Hochgrab. Dieses Hochgrab, in dem die Reliquien des heiligen Wendelin eingefügt sind, ist so gestaltet worden, daß die Gläubigen unter ihm hindurchschreiten können. Ärztliche Untersuchungen des gut erhaltenen, fast vollständigen Skeletts haben ergeben, daß der heilige Wendelin großwüchsig (1,85 m) war und daß diese Gebeine aus der Völkerwanderungszeit oder aus dem unmittelbar folgenden Jahrhundert stammen.

Wie sehr in früheren Jahrhunderten der heilige Wendelin die Christen mit ihren unterschiedlichen Anliegen ansprach, geht aus der immer neuen Akzentuierung hervor, die er im Wandel der Zeiten erfahren hat. An seiner Deutung und Bedeutung in Frömmigkeit und Kunst läßt sich erkennen, »wie ein Frühmittelalterlicher, fränkischer Mönch oder Einsiedler zu einem spätgotischen und neuzeitlichen Hirten- und Bauernheiligen wird; wie ein weltflüchtiger, frühfränkischer Aszet sich zu einem beliebten Barock- und Rokokoheiligen wandelt; wie ein bescheidener Lokalheiliger… in einem größeren Raum ein viel verehrter Volksheiliger wird« (Alois Selzer).

In der Schlußstrophe eines Liedes zu Ehren des heiligen Wendelin (dem sogenannten Kinberglied) heißt es:

»Ist einst mit Gott mein Tagewerk vollbracht,
Bricht über mich herein die Todesnacht:
Geleit zum Himmel meine Seele hin.
O Gottes Liebling Wendelin!
O heil'ger Wendelinus, Schutzpatron,
O bitt', bitt' für uns!«

Blick auf den Turm der Pfarr- und Stiftskirche von Scheyern (rechts Benediktinerkloster)

Scheyern

Erzbistum München und Freising

Die Pfarr- und Stiftskirche der Benediktinerabtei Scheyern (der Name geht zurück auf die »Schyren«-Grafen, deren Stammburg den Benediktinern unter Abt Bruno, einem Neffen des Kaisers Heinrich V. [1106/25], überlassen wurde und am 26. März 1123 die päpstliche Bestätigung erhalten hat) wurde am 9. Oktober 1215 geweiht. In ihrer Grundstruktur erinnert sie an eine dreischiffige Hirsauer Basilika.

Schon seit dem Jahr 1180 befindet sich in einer an das rechte Seitenschiff angebauten Heilig-Kreuz-Kapelle ein großer Partikel jenes Kreuzes, das (wie die Überlieferung erzählt) 320 von der Kaiserin-Mutter Helena in Jerusalem aufgefunden wurde. Der Weg von Jerusalem nach Europa und wiederum nach Scheyern war recht abenteuerlich. Nach Auskunft zweier Urkunden wurde die Kreuzesreliquie durch Leute des Grafen Konrad II. von Dachau einem Chorherrn in Jerusalem gewaltsam abgenommen. Es kam zu einer prekären Situation, so daß in der recht unfrommen Streitfrage sogar der damalige Patriarch von Jerusalem eingeschaltet werden mußte. Höchstpersönlich entschied er, daß die Kreuzesreliquie dem Sohn des Grafen, nämlich Konrad III., als Eigentum übergeben werden solle. Es wurde ihm aber zur Auflage gemacht, daß er sie nur dann behalten und in die bayerische Heimat mitnehmen dürfe, wenn er sich verpflichte, zu Ehren des heiligen Kreuzes eine Kirche zu bauen.

Graf Konrad III. von Dachau hat die Kreuzesreliquie der Benediktinerabtei Scheyern geschenkt und auch veranlaßt, daß eine eigene Kapelle an die bereits vorhandene Stiftskirche angebaut wird, in der die Reliquie in einer kostbaren Schaumonstranz bis zum heutigen

Kreuzaltar mit Kreuzreliquie in der an das rechte Seitenschiff angebauten Heilig-Kreuz-Kapelle

Tag aufbewahrt und den Pilgern aufgelegt wird. Nicht nur am Hochfest der Kreuzerhöhung (14. September), sondern das ganze Jahr über kommen Einzelpilger und Pfarrgruppen nach Scheyern, um sich unter den Segen des Kreuzes zu stellen und um mit gestärkter Zuversicht ihr Leben in der Kreuzesnachfolge anzunehmen.

Die »Nachfolge Christi« (2,12,3) ermuntert die Kreuzverehrer dazu mit den Worten:

»Gehe, wohin du willst,
suche, was du willst,
und du wirst keinen höheren Weg oben
und keinen sicheren Weg unten finden
als den Weg des heiligen Kreuzes.«

Schönstatt

Bistum Trier

Daß auch im 20. Jahrhundert Marienwallfahrtsorte entstehen können, bezeugt Schönstatt bei Vallendar am Rhein, dessen Ursprung in der Zeit während des Ersten Weltkriegs (1914/18) liegt. Als Geburtsstunde der marianischen Bewegung von Schönstatt (»Eyne schoene Stat« nannte Erzbischof Albero von Trier in der Errichtungsurkunde vom 24. Oktober 1143 den Platz des ersten Klosters Schönstatt) gilt die Ansprache (auch »Gründungsurkunde« bezeichnet), die Pater Joseph Kentenich (1885–1968) in der Michaelskapelle bei Vallendar vor den Mitgliedern der Marianischen Kongregation des Studienheims Schönstatt der Pallottiner, wo er als Spiritual und Beichtvater tätig war, am 18. Oktober 1914 gehalten hat.

Diese Michaelskapelle mit einem Grundriß von nur wenigen Quadratmetern wurde Mittelpunkt des weltweiten Schönstattwerks. Sie ist als »Urheiligtum« zum Modell unzähliger Schönstattkapellen »Zu Ehren der Dreimal wunderbaren Mutter« geworden. In diesem Heiligtum von Schönstatt befindet sich seit 1915 das Gnadenbild, die Kopie eines Gemäldes des italienischen Malers Luigi Crosio (Ende des 19. Jahrhunderts). Die Schönstatt-Madonna ist »eine ins Liebliche abgewandelte Mariahilf« (Karl Kolb), die verbunden ist mit den geschichtlichen und religiösen Impulsen, die von Schönstatt ausgegangen sind.

Schmerzliche Läuterungsprozesse und Überprüfungen durch kirchliche Stellen, die Pater Kentenich für vierzehn Jahre (1951/65) von seiner Gründung trennten (Aufenthalt in Milwaukee/USA; Zurückberufung und Anerkennung durch Papst Paul VI. in einer Audienz am 22. Dezember 1965), haben die Schönstattbewegung in ihrer Glaubwürdigkeit reifen und vertiefen lassen. Das Motto »Nichts ohne Dich – nichts ohne uns« ist zum Apostolatsauftrag von Schönstatt geworden ... »nichts ohne die Gottesmutter, ohne den Dreifaltigen Gott und seine Gnade; aber auch nichts ohne die Mitwirkung der menschlichen Partner und Werkzeuge, die Gott und die Gottesmutter zur Verwirklichung ihrer Absichten mit Schönstatt berufen haben« (E. Monnerjahn).

Der Name »Dreimal wunderbare Mutter« geht auf den Jesuiten Jakob Rem (1546–1618) zurück, der für eine (heute noch in der Liebfrauenkirche von Ingolstadt verehrte) Kopie des Marienbildes »Salus populi Romani« (sogenanntes »Lukasbild«) in der Kirche S. Maria Maggiore in Rom (erste römische Kirche, die am 4. August 352 der Gottesmutter geweiht wurde) diese Bezeichnung wählte.

Die Schönstatt-Bewegung, die in Maria das Hochbild des erlösten Menschen erblickt und Selbstheiligung wie Apostolat in die Mitte ihrer Spiritualität stellt, beweist, welch starke Impulse von der Marienverehrung auch heute ausgehen können. Nach Schönstatt pilgern, heißt, mit einem neuen Auftrag in sein Leben zurückkehren, um noch intensiver die Sorge Marias für das Werk ihres Sohnes und damit für die Glaubwürdigkeit und Zukunft der Kirche mitzutragen.

Gnadenbild der Dreimal Wunderbaren Mutter, Königin und Siegerin von Schönstatt

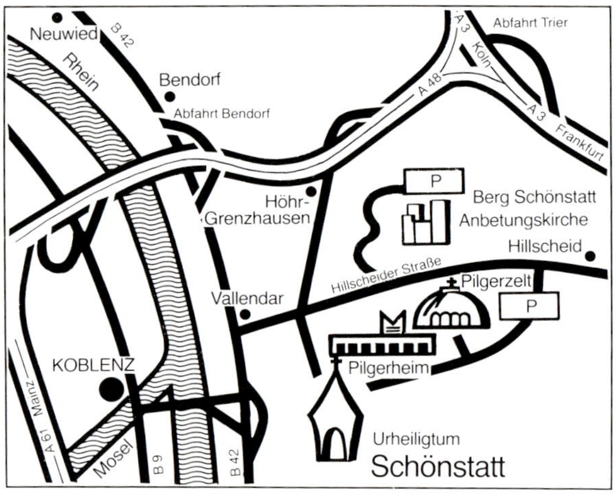

»Wir ziehen zur Mutter der Gnade,
zu ihrem hochheiligen Bild,
o lenke der Wanderer Pfade
und segne, Maria, uns mild,
damit wir das Herz dir erfreuen,
uns selbst im Geiste erneuen;
wir ziehen zur Mutter der Gnade,
zu ihrem hochheiligen Bild«.

(Guido Görres)

Telgte

Bistum Münster

Im Land der »roten Erde« liegt östlich von Münster der Wallfahrtsort Telgte – eine der ältesten Städte Westfalens.

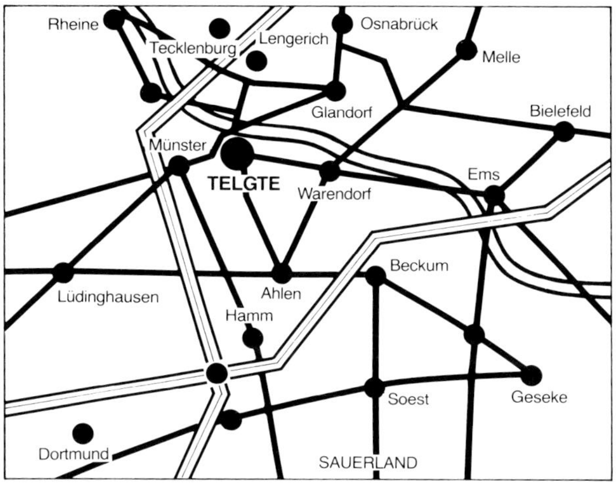

Überwältigend und erschütternd zugleich ist das Vesperbild der »schmerzensreichen Madonna« in der Wallfahrtskapelle von Telgte. Beim Betrachten dieses Gnadenbildes glaubt man geradezu Maria sprechen zu hören: Seht, wo hat eine Mutter größeres Leid erduldet? Dieses Marienbild ist erstmals in einer Urkunde vom 1. Juli 1455 erwähnt: »unser leyven vrouwe up deme Kerchove to Telget«. Es ist aus Lindenholz geschnitzt (um 1370) und war ursprünglich farbig gefaßt. Die heutige dunkle Färbung ist verursacht durch Kerzenruß wie auch durch dunkle Nachfassungen. Mit seiner Größe von 150 cm ist das Vesperbild von Telgte wohl das größte, marianische Kultbild in ganz Europa.

Das Gnadenbild von Telgte hat über die Jahrhunderte hinweg im Glauben und Leben des katholischen Volkes im Münsterland einen Ehrenplatz behalten. Es gehörte zum frommen Brauch der Wallfahrer, den herabhängenden, rechten Arm des toten Christus zu berühren oder zu küssen. Weil als Folge dieser allzu stürmischen Verehrung der rechte Arm Christi abbrach war und weil man eine spätere Beschädigung ausschließen wollte, wurde zum Jubiläum der Wallfahrtskapelle 1854 ein neuer Arm angefertigt und waagrecht in den Schoß Jesu gelegt, so daß die bisher sichtbare große Seitenwunde Jesu verdeckt wurde.

Im Jahr 1904 erfolgte auf dem Telgter Marktplatz die Krönung des Vesperbildes durch den Erzbischof von Köln, Kardinal Fischer. Als einzigen Schmuck trägt heute das Gnadenbild an der rechten Hand einen Ring – den vom Bischof von Münster, Heinrich Tenhumberg, 1969 gestifteten, eigenen Bischofsring.

Der Kapellenbau wurde unter dem Bischof von Münster Christoph Bernhard von Galen, erstellt (1654 Grundsteinlegung; 1657 vollendet; Patrozinium: Sieben Schmerzen Marias

Schutzmantelmadonna (Stich aus dem 19. Jahrhundert)

Gnadenbild der schmerzhaften Gottesmutter Maria in der Wallfahrtskapelle in Telgte (um 1370)

am 15. September). Die letzte Neugestaltung hat die Wallfahrtskapelle 1969/70 erfahren.

»Drücke deines Sohnes Wunden,
wie du selber sie empfunden,
heilge Mutter, in mein Herz.
Daß ich weiß, was ich verschuldet,
was dein Sohn für mich erduldet,
gib mir teil an deinem Schmerz.

Christus, laß bei meinem Sterben
mich mit deiner Mutter erben
Sieg und Preis nach letztem Streit.
Wenn der Leib dann sinkt zur Erde,
gib mir, daß ich teilhaft werde
deiner selgen Herrlichkeit«.

Wallfahrtskirche von Telgte

Trier

Bistum Trier

Jeder Schritt, jede Straße, jeder Platz in Trier eröffnet eine eindrucksvolle Perspektive in die deutsche Geschichte. Hier wird deutlich, wie sehr die deutsche Geschichte mit dem christlichen Glauben verknüpft ist. Mit Recht ist gesagt worden, Trier mit seinem Dom, seinen vielen historischen Kirchen und Gebäuden sei ein »Kompendium der Geschichte unserer geistigen Kultur« (Nikolaus Irsch). Diese Stadt muß man durchwandern. Man erlebt dabei, daß 2000 Schritte wahrhaftig 2000 Jahre Geschichte eröffnen.

Trier, die alte Römerstadt »Augusta Treverorum«, ist für christliche Wallfahrer eine Stätte, an der er wissen muß, wohin er seine Schritte richten will: zur Kirche St. Paulin, wo in der Krypta der Sarkophag mit den Reliquien des heiligen Bischofs Paulinus (†358) steht, zur Benediktinerabtei St. Matthias, wo das einzige Apostelgrab nördlich der Alpen sich befindet, mit den 1127 aufgefundenen Reliquien des Apostels Matthias oder zum Dom, wo in der Heilig-Rock-Kapelle der Heilige Rock (Tunica Christi) aufbewahrt wird.

Es handelt sich dabei, wie die Überlieferung berichtet, um jenen ungenähten Rock Jesu Christi, über den es in der Passionsgeschichte des Johannes-Evangeliums heißt: »Der Leibrock war ohne Naht von oben an im ganzen gewebt. Und die Soldaten sagten zueinander: Wir wollen ihn nicht zerschneiden, sondern um ihn das Los werfen, wem er gehören soll. So sollte die Schrift erfüllt werden, die sagt: Sie teilten meine Kleider unter sich, und über mein Gewand warfen sie das Los (Ps 22,19). Die Soldaten taten so« (Joh 19,23–24).

Eine Geschichte der Stadt Trier (»Gesta Treverorum«), um 1101 niedergeschrieben, berichtet, Helena, die Mutter des Kaisers Kon-

Doppelkirchenanlage in Trier: Dom und Liebfrauenkirche

Grab des Apostels Matthias mit Grabfigur

Heiliger Rock (Tunica Christi) im Dom zu Trier

stantin, habe den Heiligen Rock nach Trier gebracht. Seit 1196 wurde er im Altar des Ostchors aufbewahrt. Erstmals wurde im Jahre 1512 auf Wunsch des Kaisers Maximilian I. (1493–1519) durch den damaligen Erzbischof von Trier, Richard von Greiffenstein, die kostbare Herrenreliquie gezeigt. Hier darf kurz erwähnt werden, daß dieser Trierer Erzbischof auf dem Reichstag zu Worms am 24. und 25. April 1521 mit Martin Luther verhandelte und alles daran setzte, Luther umzustimmen und für die Einheit der Kirche zu gewinnen. Im Jahr 1959 wurde die Tuchreliquie zum letzten Mal öffentlich gezeigt. Seither wird sie im Trierer Dom, der die älteste deutsche Bischofskirche ist und eine großartige Restaurierung in den Jahren 1960 bis 1975 erfahren hat, in der Heilig-Rock-Kapelle aufbewahrt, wo sie in einem Holzschrein liegt, der wiederum unter einer großen Glasvitrine sich befindet.

Der ungenähte Rock Christi ist von den Theologen aller Jahrhunderte als Sinnbild der Einheit und der Liebe der Kirche gesehen worden. Um ihn in kriegerischen Zeiten zu sichern, wurde er zeitweise auf der Feste Ehrenbreitstein aufbewahrt, 1794 kam er für einige Zeit sogar nach Augsburg. Selbst wenn es sich beim Heiligen Rock in Trier nur um eine ehrwürdige Berührungsreliquie handelt, so ist für den christlichen Glauben auch diese ein Zeichen, das hinweist auf Christus, seine Menschwerdung wie vor allem seine Kreuzigung.

Entscheidend ist nicht sensationelle Schaufrömmigkeit, die nur mit geschichtlichen Argumenten arbeitet. Bedeutsam ist Trier nicht so sehr als »Besitzstätte«, sondern als »Besinnungsstätte«, die von der Geschichte wie kaum eine andere Stadt dazu prädestiniert ist, Ort der Glaubensbesinnung, nicht zuletzt Ort ökumenischen Betens und Arbeitens zu werden!

Vierzehnheiligen

Erzbistum Bamberg

Viele Besucher der Wallfahrtskirche Vierzehnheiligen in der Nähe von Lichtenfels, deren Achse ausgerichtet ist auf das gegenüber liegende Schloß Banz, sind sicherlich überfragt, wenn sie die Namen der vierzehn heiligen Nothelfer nennen müßten. Hier daher ihre Namen (der liturgische Gedenktag ist in Klammern beigefügt): Christophorus (25. Juli) und Georg (23. April), Erasmus (2. Juni), Blasius (3. Februar), Dionysius (9. Oktober) und Cyriakus (8. August), Pantaleon (28. Juli), Achatius (22. Juni) und Eustachius (20. September), Vitus (15. Juni) und Ägidius (1. September); den Abschluß bilden die berühmten Märtyrerinnen, die in einem altbayerischen Vers zusammengefaßt sind:

Barbara (4. Dezember) mit dem Turm,
Margaret (20. Juli) mit dem Wurm,
Katharina (25. November) mit dem Radl,
Das sind die drei heiligen Madl.

Die Entstehung von Vierzehnheiligen geht auf mehrere Visionen zurück, die ein junger Schäfer, Hermann Leicht, 1445/46 hatte und in denen er den Auftrag erhielt: »Wir sind die vierzehn Nothelfer und wollen eine Kapelle haben, auch gnädiglich hier rasten. Und du bist unser Diener, und so wollen wir deine Diener wieder sein«. Die berühmteste unter den vielen Nothelfer-Stätten (der Vierzehnheiligen-Kult dürfte in der ersten Hälfte des 14. Jahrhunderts im Dominikanerkloster zu Regensburg seinen Anfang genommen haben) ist Vierzehnheiligen, eine der schönsten Wallfahrtskirchen des Barock.

Die erste Wallfahrtskirche (ihr Hochaltar, ein Werk von J. M. Küchel aus Bamberg, wurde am 28. April 1448 geweiht) wurde im 18. Jahrhundert durch die jetzige Kirche ersetzt (in älteren Überlieferungen wird sie häufig als »das wundertätige Frankenthal«

Das obere Maintal mit der Wallfahrtskirche Vierzehnheiligen (links) und Schloß Banz (Stich von Schroder, um 1830)

bezeichnet). Wegen der mannigfachen Gelände- und Bauschwierigkeiten forderte sie das geniale Können von Balthasar Neumann (1687–1753) geradezu heraus. Die Auseinandersetzungen des Siebenjährigen Krieges (1756/63) verzögerten die Vollendung dieses barocken Meisterwerks, so daß es erst am 14. September 1772 durch den Bamberger Fürstbischof Adam Friedrich von Seinsheim eingeweiht werden konnte.

Einzigartig ist in der Längsachse der Wallfahrtskirche der über dem gewachsenen Ackerboden errichtete Gnadenaltar, »in seiner Art eine der kühnsten und ein Äußerstes an dekorativem Raffinement wagenden Schöpfungen des 18. Jahrhunderts« (Josef Morper). Mit Recht ist gesagt worden: Der fränkisch-bayerische Himmel hänge nicht voller Geigen, wohl aber voller Heiligen. Hilfe in Fülle und für jede Art von Bedrängnis, Tröstung in körperlichen und seelischen, in persönlichen, familiären und vaterländischen Nöten bietet sich den Betern mit ihren unterschiedlichen Anliegen in den vierzehn Heiligen an.

Fast möchte man scherzhaft sagen: Was der eine Heilige nicht vermag, kann sicherlich ein anderer erflehen! Eine barocke Vertrautheit und herzliche Verbundenheit mit den Heiligen spricht aus der Nothelfer-Frömmigkeit. Es ist aber das große und fromme Ja nicht zu überhören, das viele, die zur Wallfahrtskirche Vierzehnheiligen heraufpilgern, unterstützt und getröstet von den vierzehn Nothelfern, selbst zu sprechen beginnen. Die vierzehn, heiligen Nothelfer wollen letztlich jeden Beter gerade darüber nachdenken lassen, was er selbst in seinem Leben anpacken und ändern müsse um so für sich und gewiß auch für andere zum »fünfzehnten« Nothelfer zu werden.

Festliches Hochamt in der Wallfahrtskirche Vierzehnheiligen

Pilgergruppe vor den Doppeltürmen
Wallfahrtskirche Vierzehnheil.

Vilsbiburg

Bistum Regensburg

Der Initiative und Zähigkeit eines einfachen, katholischen Bürgers und Kaminkehrermeisters, Donat Orelli (geboren in Lucano/ Italien), verdankt die Wallfahrt zum Marienheiligtum in Vilsbiburg ihre Entstehung. Der Markt Vilsbiburg liegt an der Bundesstraße 299 zwischen Landshut und Altötting und ist etwa 22 km von Landshut entfernt.

Orelli war ein großer Verehrer des gekreuzigten Heilands. Südlich von Vilsbiburg errichtete er, unmittelbar an der Straße nach Altötting, im Jahr 1668 vierzehn Kreuzwegstationen (Kalvarienberg), die zu einem hochragenden Kreuz auf der Kuppe eines Hügels hinaufführten. Kurze Zeit später erbaute Orelli, unterstützt von frommen Mitbürgern, eine kleine Muttergottes-Kapelle. Wie sehr ihm die Stärkung der Volksfrömmigkeit am Herzen lag, geht daraus hervor, daß er eigens nach Rom reiste. Unterzeichnet von Papst Innozenz XI. (1676–1689) konnte Orelli ein Apostolisches Schreiben vom 24. Juli 1688 erhalten, das jedem Wallfahrer des Marienheiligtums in Vilsbiburg am Fest Mariä Himmelfahrt (15. August) einen vollkommenen Ablaß gewährt.

Am 14. August 1695 wurde die Marienkirche durch den Regensburger Weihbischof Albert Ernst von Wartenberg feierlich konsekriert. Der immer größer werdende Zustrom der Pilger machte es erforderlich, die Gnadenkapelle 1704 durch ein Langhaus zu erweitern. Es war eine seltene Bevorzugung der Mariahilf-Wallfahrtskirche von Vilsbiburg, daß sie in geistlicher Partnerschaft mit der Laterankirche in Rom verbunden wurde und dadurch jener vielen Privilegien und Abläße teilhaftig wurde,

Mariahilf-Wallfahrtskirche in Vilsbiburg (19. Jahrhundert)

die der römischen Laterankirche (S. Giovanni in Laterano) gewährt worden waren und die daher den Titel »Mutter aller Kirchen Roms und der Welt« (Omnium ecclesiarum urbis et orbis mater et caput) erhalten hat.

Seit Beginn der Neuzeit konzentrieren sich die Gebete der Wallfahrer auf das Gnadenbild des Hochaltars, das eine Nachbildung des berühmten Passauer Mariahilf-Gemäldes ist.

Wer hat je umsonst deine Hilf' angefleht?
Wann hast du vergessen ein kindlich' Gebet?
Drum ruf ich beharrlich in Kreuz und Leid:
Maria hilft immer! Sie hilft jederzeit!
Ich ruf' voll Vertrauen in Leiden und Tod:
Maria hilft immer, in jeglicher Not!
So glaub' ich und lebe und sterbe darauf:
Maria hilft mir in den Himmel hinauf.

Walldürn

Erzbistum Freiburg

Aus dem Beginn des 14. Jahrhunderts (»circiter annum 1330«) stammt die Erzählung, die den Ursprung der Wallfahrt nach Walldürn (an der Bundesstraße 27 zwischen Tauberbischofsheim und Buchen im Odenwald gelegen) berichtet. Während der Feier der heiligen Messe, so heißt es in diesem Bericht, habe der Priester Heinrich Otto aus Unachtsamkeit den Kelch umgestoßen. Das in der Wandlung bereits konsekrierte Blut Christi sei auf das Korporale (gestärkte und ausgefaltete Leinenunterlage für Kelch und Hostie, die auf das Altartuch noch gebreitet wird) eingesickert und habe ein Kreuz und elf sogenannte Veronikahäupter Christi gebildet. Der Ausdruck »Veronikabilder« rührt von jenem Bild des Schweißtuches, das Veronika dem kreuztragenden Jesus reichte und in dem die Gesichtszüge des leidenden Heilands mit der Dornenkrone eingedrückt wurden.

Vom Jahr 1408 wurde das mit dem Blut Christi getränkte Korporale zum Gnadenbild, das man in der Form der damaligen Schaufrömmigkeit sehen, aber in dem man gewiß auch die sakramentale Gegenwart Christi im eucharistischen Geheimnis des Glaubens verehren wollte. Bereits 1497 war es wegen des großen Zustroms von Pilgern notwendig, eine erweiterte Kirche einzuweihen. Vor allem in der Zeit der Gegenreformation kam es zu einer starken Belebung der Heilig-Blut-Verehrung.

Die heutige Wallfahrtskirche wurde in zwei Bauphasen 1698 bis 1728 errichtet. In der linken Seite der Vierung befindet sich der Heilig-Blut-Altar. Umgeben von Alabasterreliefs mit Szenen aus der Wallfahrtslegende ist hinter zwei bemalten Altarflügeln der Silberschrein (Augsburger Arbeit aus dem Jahr 1684) mit

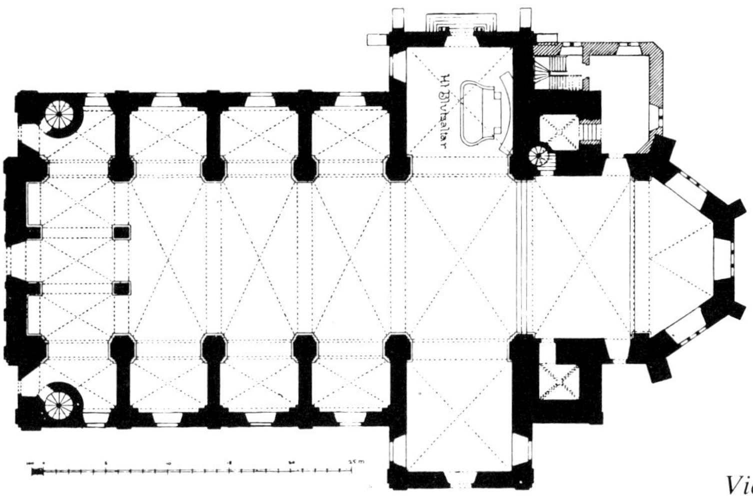

Grundriß der heutigen Wallfahrtskirche mit Heilig-Blut-Altar (in der linken Seite der Vierung mit eigenem Portal)

dem Blutkorporale aufbewahrt. Im Licht ultravioletter Strahlen kann man einen Christus am Kreuz und Rinnsale erkennen, die in Christusköpfen, sogenannten Veronikahäuptern, enden.

Nur an besonderen Festtagen und Wallfahrtszeiten wird der Flügelaltar geöffnet. Wenn der Altarschrein geschlossen ist, kann auf der Rückseite des Heilig-Blut-Altars hinter einem Gitter das Blutkorporale gesehen und verehrt werden.

Ältestes Blutbild (Holzschnitt) – Titelblatt der ältesten Druckschrift über Walldürn (gedruckt in Würzburg 1589)

Mag die Entstehung der Heilig-Blut-Wallfahrt von Walldürn im Dunkel sich verhüllen, so ist im Unterschied etwa zur Heilig-Blut-Reliquie von Weingarten in Walldürn das Geheimnis der heiligen Messe, das Wandlungswunder und der Glaube an die wirkliche Gegenwart Jesu Christi in den konsekrierten Gestalten von Brot und Wein Zentralanliegen der Wallfahrt. Das 2. Vatikanische Konzil hat der katholischen Christenheit eine neue Wertschätzung der Eucharistie geschenkt, die sich für die Wallfahrt nach Walldürn als spirituelle Vertiefung und als neuer Impuls für die alte wie für die junge Generation auswirkt.

Kurz nach dem Konzil von Trient (1545/63) wurde jenes Lied von Christoph Fischer (vor 1568) verfaßt, das die tiefe Bedeutung der Heilig-Blut-Wallfahrt aufzeigt:

Wir danken dir, Herr Jesu Christ,
daß du für uns gestorben bist
und hast uns durch dein teures Blut
gemacht vor Gott gerecht und gut.

Hauptwallfahrtszeiten:
Vom Dreifaltigkeitssonntag (Sonntag nach Pfingsten) bis zum 5. Sonntag nach Pfingsten; der »Große Blutfeiertag« wird am Donnerstag nach Fronleichnam begangen.

Seite 132
...llfahrtskirche von Walldürn

Weingarten

Bistum Rottenburg-Stuttgart

Benediktinerabtei Weingarten mit Basilika, Internat, Gymnasium und Bibliothek

Weingarten mit seiner mächtigen Kloster- und Wallfahrtskirche – sie ist der schwäbische St. Petersdom genannt worden – liegt 4 km nordöstlich von Ravensburg. Es ist der größte barocke Klosterbau auf deutschem Boden (die Kirche hat eine Länge von 106 m, die äußere Höhe der Kuppel 66 m, die innere Höhe 26 m). An den Bauplänen haben u. a. mitgestaltet M. Thumb, E. Zuccalli, Kaspar Moosbrugger sowie in der letzten Phase Donato Giuseppe Frisoni. Die Stuckierung stammt von dem Wessobrunner Meister Franz Schmuzer (1718), während die Fresken Cosmas Damian Asam geschaffen hat. An der Stelle der alten, romanischen Basilika, die am 13. März 1715 abgebrochen wurde, ist wie eine Gralsburg die heutige barocke Kirche errichtet und am 10. September 1724 eingeweiht worden.

Weingarten ist ein benediktinisches Zentrum seit dem Jahr 1056, als Benediktinermönche des bayerischen Klosters Altomünster (nördlich von Dachau) den Martinsberg besiedelten. Zu Beginn der Neuzeit gab es persönliche und umfassende wissenschaftliche Beziehungen zur Benediktineruniversität in Salzburg. Dort leisteten nicht wenige Mönche aus Weingarten als Rektoren und als Professoren Hervorragendes. Ein kleine Reverenz an Salzburg kann darin gesehen werden, daß die Fassade der Kloster- und Wallfahrtskirche in Weingarten an die Kollegienkirche und auch an den Dom von Salzburg geradezu greifbar erinnert.

Nach dem Dreißigjährigen Krieg wurde die heutige Klosteranlage unter Abt Sebastian Hyller (1697–1730) errichtet. Das Ziel der vielen Wallfahrten in den Sommermonaten ist die Heilig-Blut-Reliquie. Sie kam über Palästina

Mittelschiff der Basilika in Weingarten

Chorgestühl im Presbyterium der Basilika in Weingarten

und Mantua im Jahr 1049 durch Judith, die Gemahlin von Welf IV., nach Weingarten. Weit bekannt ist der Heilig-Blut-Ritt, bei dem ein Mönch, begleitet von einer Vielzahl von Reitern, hoch zu Roß die Blutreliquie trägt und über Land und Leute damit den Segen spendet.

Eine große Steigerung hat die Heilig-Blut-Verehrung nach dem Ersten Weltkrieg erfahren. Daß man bei den Wallfahrten nach Weingarten nicht nur an seine persönlichen Anliegen dachte, geht aus den Worten hervor, die in Goldbuchstaben über dem Eingang der Barockbasilika zu lesen sind: Heilbringende Zufluchtsstätte des Vaterlandes.

Die Wallfahrtskirche, deren Patrone der heilige Martin von Tours (†397) und der heilige Oswald (†642) sind, nimmt in immer neuen Variationen von Gemälden, Plastiken und Stukkaturen auf die Heilig-Blut-Reliquie Bezug. Das nördliche Querschiff ist dem Blut Christi geweiht (auf dem Altar sind die Kundschafter zu sehen, die mit der Traube, Vorbild der Blutreliquie, zu Mose kommen). Das südliche Querschiff läßt den gläubigen Beter das Geheimnis der Eucharistie erleben (Mannaregen, Abnahme Christi vom Kreuz, Verehrung des Himmelsbrotes in der Monstranz).

Seit 1931 wird die Heilig-Blut-Reliquie auf einem eigenen Altar aufbewahrt und verehrt, hinter dem ein Gitter die Wallfahrtskirche vom Gebetsraum der Mönche trennt.

Nicht übersehen sollte man die von Fidel Sporer angefertigte Barockkanzel. Auf dem Schalldeckel ist neben dem Täufer Johannes ein Engel zu sehen, der ein goldenes Kreuz, umschlungen von einem weißen Band, trägt, auf dem die Inschrift zu lesen ist: LaVIt peccata MVnDI (Er wäscht die Sünden der Welt rein). Die Großbuchstaben, die in diesem lateinischen Text zu finden sind (MDCCLVVII) ergeben die Jahreszahl 1762, das Jahr der Fertigstellung der Kanzel.

Erstaunlich ist, daß die Verehrung des heiligen Blutes Jesu Christi nicht in Düsterkeit sich vollzieht. Sie spricht sich in jubelnder Freude und Dankbarkeit aus. Sie ist überstrahlt vom Ostergeheimnis. Nicht das Kreuz, sondern die Auferstehung ist das letzte Wort der Erlösung. Die Glaubensbotschaft: Der Gekreuzigte ist auferstanden! signalisiert jenes Ereignis, mit dem für die ganze Menschheit wie für alle Dimensionen des Kosmos Endgültigkeit und Zukunft begonnen haben.

Hauptwallfahrtszeiten:
Höhepunkte sind der Blutfeiertag (Freitag nach Christi Himmelfahrt) und das Heilig-Blut-Fest am ersten Sonntag im Juli.

Wemding

Bistum Eichstätt

Am Ostrand des Rieses, nahe bei Wemding (Landkreis Donau-Ries), grüßt von einer Anhöhe die nach Altötting am meisten besuchte, bayerische Wallfahrtskirche »Maria Brünnlein zum Trost«. Die Entstehung dieser Wallfahrtsstätte geht auf den Schuhmachermeister Franz Forell aus Wemding zurück, der vor einer Pilgerfahrt nach Rom ein geschnitztes Marienbild (1684) mitbrachte und dieses zunächst in seinem Haus zur Verehrung aufstellte. Der immer größer werdende Zulauf der Gläubigen in das Schusterhaus muß offensichtlich den damaligen Pfarrer Schaff in Wemding ein Ärgernis gewesen sein. Er holte das Gnadenbild in den Pfarrhof und glaubte, der (wie er meinte) zu stürmischen Marienverehrung ein Ende bereitet zu haben. 1692 kam es aber infolge des Gelöbnisses des Kaplans und Nachmittagspredigers in Wemding, Reinhard Keller, zur Errichtung einer Feldkapelle (Raum für nur sechs Personen) über dem Schillerbrünnlein, in der die holzgeschnitzte Marienstatue aufgestellt wurde.

Nach einer handgeschriebenen Chronik hat sich an diesem Gnadenbild am 25. Juni 1735 (und nochmals 1746) ein unerhörtes Ereignis vollzogen, nämlich eine »Augenwende«. Außerdem wurde die öftere Wendung und Färbung des Angesichts der Marienstatue von mehreren Personen bezeugt. Wegen dieser Ereignisse wurde und wird gerade in Wemding das Gebet: »Unsere Liebe Frau von Wemding, wende deine Augen uns zu!« mit besonderer Innigkeit gesprochen. Für den Zustrom der Pilger erwies sich die Feldkapelle sehr bald als zu klein. Die heutige Wallfahrtskirche (unermüdlicher Initiator und Förderer war Stadtpfarrer Johann Michael Forster, †11. 2. 1760, dessen Grab vor dem Gnadenaltar liegt)

Grundriß der Wallfahrtskirche »Maria Brünnlein zum Trost« in Wemding

wurde zunächst noch über die alte Kapelle erbaut (die jedoch 1752 abgebrochen und durch einen Gnadenaltar ersetzt wurde). 1953 wurde unter Verwendung der noch vorhandenen Reststücke der neue Gnaden- und Brunnenaltar errichtet, aus dem heute noch das Gnadenbrünnlein fließt; an der Rückseite sammelt sich das Wasser in einem Behälter.

Am 24. Mai 1781 wurde der Neubau eingeweiht, der seine einzigartige Gestaltung durch dem Münchener Hofmaler und Hofstuckateur Johann Baptist Zimmermann (1680–1758) erhalten hat. Alle Künstler, die an diesem farbenfrohen Bau mitgearbeitet haben, wollten dem Besucher in ihrer Sprache die »Froh-Botschaft« der Erlösung verkünden und durch den festlichen Raum dieser Wallfahrtskirche eine Ahnung vermitteln, »damit ihm ein Himmel aufgeht«. In einer Vielzahl von Gemälden und Inschriften – Decken- und Medaillonfresken – wird unter Zitierung alt- und neutestamentlicher Texte Maria als Quelle der Gnaden aufgezeigt.

Tausende von Wallfahrern kommen alljährlich nach Maria Brünnlein. Sie sind von dem gleichen Vertrauen beseelt, wie die Rokokomaler vor 200 Jahren, die in Medaillonfresken niedergeschrieben haben:

»Wer soll nit hayl hier hoffen,
der Gnadenbronn steht offen…
Niemand ist, der Hilff begehrt,
den Maria nit erhärt«.

◁ *Seite 138*
Links: Innenraum der Wallfahrtskirche mit Gnadenaltar (im Vordergrund). Rechts: Gnadenbild

△
Innenraum der Wallfahrtskirche in festlicher Beleuchtung

Werl

Erzbistum Paderborn

Das 68 cm hohe, aus Ulmenholz geschnitzte Gnadenbild »Trösterin der Betrübten«, in dem ein geradezu byzantinisch und romanisch anmutendes Kunstempfinden mit nordischem (schwedischem?) oder vielleicht ursprünglich französischem (Chartres?) Einfluß sich vereinigt, hat eine lange und keineswegs auf allen Stationen aufgehellte Wanderschaft durchlaufen, ehe es 1661 nach Werl (Westfalen) kam. Es zeigt Maria als hoheitsvolle und gekrönte Himmelskönigin, auf deren Schoß das Jesuskind mit gekreuzten Füßen sitzt. Dieses Kultbild »ist sicher eines der ältesten in deutschen Landen, von den westfälischen das berühmteste« (Waltram Schürmann).

Die zahlreichen Legenden über das »wandernde Muttergottesbild« geben recht unterschiedliche Herkunftsorte an (Heiliges Land, Schweden, Frankreich). Das Marienbild war nachweislich zunächst auf dem Haßleiberg bei Fröndenberg (Sauerland). Später ist es nach Soest übertragen worden. Es wurde dort in der um 1330 erbauten Kirche »Maria zur Wiese« (»onse Vrowen ter wese«) zur Verehrung aufgestellt. Eine ganz andere Frömmigkeitsrichtung hat während der Reformationszeit im Jahr 1531 das Gnadenbild vom Hochaltar der Soester Marienkirche entfernt und auf dem Dachboden der protestantisch gewordenen Wiesenkirche abgestellt. 130 Jahre war es dort unbeachtet. Trotzdem hat sich in der katholischen Bevölkerung von Generation zu Generation das Wissen um das wundertätige Marienbild weiterverpflanzt.

Daß ausgerechnet dieses Marienbild als Lösepreis für einen Jagdfrevel, den Soester Bürger begangen hatten, vom Erzbischof Maximilian Heinrich, dem aus Bayern stammenden Kurfürsten von Köln, eingefordert wurde, ist die Ursache gewesen, daß das Gnadenbild von Soest am 2. November 1661 nach Werl kam, wo wenige Jahre später eine eigene Wallfahrtskirche erbaut wurde.

Es wird berichtet, daß das Gnadenbild von Soest nach Werl getragen wurde, wie es das folgende Bild darstellt.

Erzbischof Maximilian Heinrich von Köln hat damals sein Anliegen in den Worten wiedergegeben: »Wir vertrauen zuversichtlich, daß wir für unser geliebtes gesamtes Vaterland durch die Verehrung dieses wundertätigen Gnadenbildes der gebenedeiten Gottesmutter den reichsten Segen des Himmels erlangen werden«.

Die heutige Wallfahrtskirche (mit dem Patronatsfest Mariä Heimsuchung) wurde

Das Gnadenbild der thronenden Himmelskönigin (mit dem Jesuskind auf dem Schoß und einem Apfel in der rechten Hand) wird 1661 von Soest nach Werl getragen (Stich aus dem 19. Jahrhundert)

Wallfahrtsbasilika in Werl

zwischen 1904 und 1906 erbaut. Am 13. August 1911 wurde zur Vierteljahrtausendfeier die Krönung des Gnadenbildes durch Kardinal Fischer, Erzbischof von Köln, vollzogen. Eine durchaus gelungene Neugestaltung (1960/61) hat die Wallfahrtskirche erfahren, indem der Hochaltar in die Mitte des Chors gerückt wurde, während das Gnadenbild vor dem Treppenaufgang zum Chor einen eigenen Bezirk erhalten hat.

Auf die Wallfahrt zum Marienheiligtum in Werl haben sich nach dem Zweiten Weltkrieg immer mehr Menschen begeben. Nicht unerwähnt bleiben soll, daß die erste westdeutsche Bischofskonferenz nach dem Zweiten Weltkrieg 1945 in Werl tagte und für die großen Aufgaben des Wiederaufbaus sich unter den Segen der Gottesmutter stellte.

Neben einzelnen Pilgern waren es immer mehr Pfarrgemeinden (Dortmund, Delbrück, Olpe, Brilon, Hildesheim, Werne, Warstein, Much und viele andere), die zur Gnadenmutter nach Werl kamen. Ihnen folgten Ministrantenwallfahrten, Standeswallfahrten (Kolping, Schützenbruderschaften) und Soldatenwallfahrten. Es waren aber vor allem die leidgeprüften Ostvertriebenen aus Schlesien, die mit ungebrochenem Glauben zur Werler Muttergottes, der »Trösterin der Betrübten«, in ihrem Leid und in der Ungewißheit ihrer Zukunft kamen. Bei der Mutter des Herrn haben die Heimatlosen ihre alte und neue Heimat gefunden.

Maria,
Trösterin der Betrübten,
bitte für uns
jetzt und in der Stunde unseres Todes!

Kopf des Werler Gnadenbildes (gotische Stuhlmadonna) mit der edelsteinbesetzten Krone, mit der sie am 13. August 1911 durch den Erzbischof von Köln, Kardinal Antonius Fischer, auf der Gänsevöhde in Werl gekrönt wurde

Wies

Bistum Augsburg

Mit seinem Diamantring hat der letzte Abt des nahen Prämonstratenser-Klosters Steingaden, Marianus II., in das Fensterglas des Prälatensaals in der Wies die Worte eingeritzt:

»Hoc loco habitat fortuna,
hic quiescit cor«
(Hier wohnt das Glück,
hier findet das Herz seine Ruhe).

Es muß sich bei der Wieskirche um etwas ganz Besonderes, um »das letzte Wort des baierischen Rokoko in kirchlicher Innenarchitektur« (Josef Hofmiller) handeln, wenn der Schriftsteller Walter Pause sich zu der kühnen Aussage verleiten ließ: »Wenn ich einmal sterbe, werde ich weder St. Peter, noch die Kathedrale von Chartres, noch die Hagia Sophia gesehen haben; dennoch werde ich vielgetröstet scheiden, als ein reicher, froher Mann, denn ich habe die Wies gesehen!«

Die Wies – die Linien ihres Dachfirstes sind den Konturen des dahinter liegenden Trauchberges nachgezogen – mit ihrem Gnadenbild (die Einheimischen sprechen in durchaus gläubiger und schwäbischer Herzlichkeit vom »Wiesherrle«) zeigt im Hochaltar den gegeißelten Christus an der Martersäule, angetan mit einem weißen Lendenschurz und angekettet mit schweren Hals- und Armketten, die mit einer Schelle befestigt sind.

Einen recht seltsamen Weg mußte dieser gegeißelte Heiland zurücklegen, ehe für ihn die wohl bedeutendste Rokokokirche erbaut wurde (Grundsteinlegung am 10. Juli 1746). Im Jahr 1730 wurde im nahen Prämonstratenser-Kloster Steingaden für die damals übliche Karfreitagsprozession eine Holzfigur des »Gegeißelten Heilands« angefertigt. Das Werk muß aber so blutrünstig geworden sein, daß die Mönche befürchteten, die mit Blut und Wunden bedeckte Statue würde beim einfachen Volk ein betroffenes Erschrecken auslösen. Die Holzstatue wurde ab 1734 auf dem Dachboden eines Steingadener Gasthauses abgestellt. Wenige Jahre später wurde durch die Bäuerin Maria Lory dieser Leidensheiland etwa 5 km südöstlich von Steingaden als Bildstock aufgestellt. Recht bald, am 14. Juni 1738 geschah das sogenannte »Tränenwunder in der Wies«; im Gesicht des Gegeißelten Heilands wurden Tränen festgestellt.

Wegen des stürmischen Andrangs des Wallfahrervolkes wurde im Auftrag des Prämonstratenser-Klosters Steingaden die heutige Wallfahrtskirche errichtet – entworfen von Dominikus Zimmermann (1685–1766), mit Fresken ausgestattet durch seinen älteren Bruder Johann Baptist Zimmermann (1680–1758). Man kann alle Register kunstgeschichtlichen Staunens ziehen über den Innenraum, in dem Licht, Farbe und Stuck in geradezu mozartscher Vollkommenheit zusammenklingen und sich gegenseitig erhöhen. Trotzdem kann man an dem Geheimnis dieser Kirche vorbeigehen. Man muß, ehe die geschwätzigen Besuchermassen kommen, bereits in der Morgenfrühe bei Sonnenaufgang in der Wieskirche sein, um ein klein wenig das religiöse Geheimnis dieser Kirche, letztlich die Frohbotschaft des christlichen Glaubens ahnen zu können.

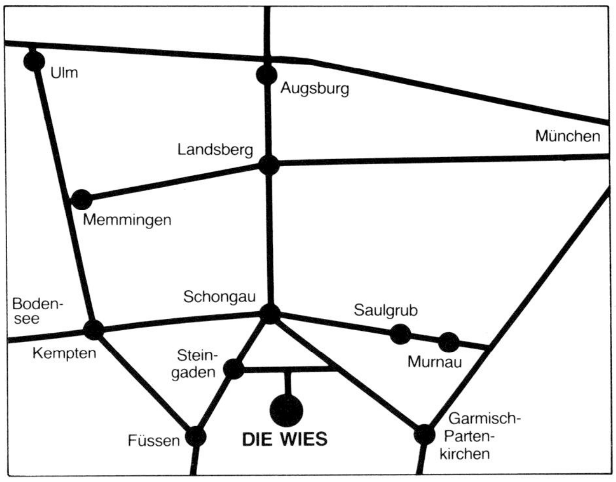

Inneres der Wieskirche mit dem Gnadenbild
»Gegeißelten Heilands« im unteren Tei
Hocha

Der langjährige und liebenswürdige Kustos der Wieskirche, Prälat Alfons Satzger, hat dazu wohl die beste Anregung gegeben, wenn er schreibt: »Jeder, der zum erstenmal die Wieskirche betritt und den stummen Jubel, die Auferstehung des Gesteins und die Fülle des Lichtes sieht, könnte leicht den Eindruck gewinnen, Dominikus Zimmermann hätte den Bauauftrag seines Bauherrn nicht ernst genommen . . . Buße und Askese, Opfer und Entsagung sind im Christlichen nichts Negatives, Finsteres, Dunkles. Der Christ glaubt und erfährt, daß aus dem Opfer das Große und Lichtvolle wächst. Von der Geißelsäule und vom Kreuz her ist der Menschheit das Licht der Gnade und Erlösung geworden. Es besteht keine Spannung zwischen der jubelnden Herrlichkeit und dem zerschlagenen Gottesknecht im dunklen Gehäuse. Christus ist durch seine Opfertat an der Geißelsäule die Ursache unserer Freude geworden. Darum beginnt beim Gegeißelten Herrn im Chor der Kirche die ganze Kraft der Formen und Farben«.

Der aus dem Schwabenland stammende Priesterdichter Peter Dörfler hat in einem »Gebet zum Gegeißelten Herrn auf der Wies« geschrieben:

»O Jesus, unser Herr und Gott!
. . .
wer könnte sich vor das Bildnis Deiner Schmerzen hinstellen und sagen, daß er immer treu gewesen ist und Deinen Namen geheiligt habe, und daß es nur die anderen seien, die ihn verleugnen und verraten und mit Worten und Werken geißeln. Auch ich betrachte tief beschämt Deine Passionsgestalt als Zeugnis wider mich . . .
Dennoch: nicht ein Bild des Richters blickt mich an, sondern ein Gnadenbild. Als ein heimgekehrter Sohn stehe ich vor Dir, und als aufgenommener Sohn darf ich weilen in diesem wunderbaren Vaterhaus. Gewandet mit dem Kleid aus Deiner Hand, gespeist von dem Brote Deiner Liebe und Gnade kehre ich zurück.«

Das beschwingte Äußere der Wieskirche bei Steingaden

Würzburg

Bistum Würzburg

Geschichte und Schicksal von Würzburg wurden, wie es Max H. von Freeden beschrieben hat, durch zwei Ereignisse bestimmt: »die Ankunft der irischen Missionare vor fast 1300 Jahren im Herzoghofe zu Füßen der ›Würzburg‹, und der Anflug der britischen Flugzeuge in Frühjahr 1945«. Als innerhalb von etwa zwanzig Minuten am 16. März 1945 die Stadt Würzburg (das alte »Herbipolis«) in Schutt und Asche fiel, glaubten nur wenige, daß aus dem »Grab am Main« wieder neues Leben wachsen werde.

Mit der heiteren Stadt des Barock verbinden sich viele berühmte Namen wie Karl der Große, Walter von der Vogelweide, Kaiser Friedrich Barbarossa, Matthias Grünewald, Tilmann Riemenschneider, Julius Echter von Mespelbrunn, Balthasar Neumann, Wilhelm Conrad Röntgen. Die älteste Geschichte von Würzburg spielte sich links des Mains und zwar auf jener Berghöhe ab, die heute Marienberg heißt. Um 450 n. Chr. wird zu Füßen dieses Berges »Uburzis«, eine Stadt der Alemannen, erwähnt. Um 650 n. Chr. war dort ein fränkischer Herzogsitz errichtet. Am Hof dieser herzoglichen Burg hat 689 der irische Glaubensbote Kilian mit seinen beiden Gefährten Kolonat und Totnan den Martertod erlitten. Kurze Zeit später, 706, wurde die erste Marienkirche auf dem »Würzburg«, dem heutigen Marienberg geweiht.

Die heute noch stehende Marienkirche auf dem Marienberg ist »im Kern wohl der älteste erhaltene Kirchenbau in deutschen Landen außerhalb des Limes« (Max H. von Freeden). Maria wird seither als Patrona Franconiae, als Herzogin des Frankenlandes, verehrt und besungen:

»O du himmlische Königin,
durch alle Welt ein Herrscherin,
du Herzogin zu Franken bist,
das Herzogtum dein eigen ist.
Darum, o Mutter, deine Hand
halt über uns im Frankenland.
. . .
Von dir, wie du, o Jungfrau, weist,
Mariä Berg der Schloßberg heißt.
Schau Jungfrau, wie auch Grund und Erd,
dich halten hie in höchsten Werth.
Drum, o Mutter, deine Hand,
halt über uns im Frankenland«.

Die herzliche und zugleich heitere Verehrung Marias, der Herzogin des Frankenlandes, ist Stein geworden in dem von Balthasar Neumann (1687–1753) auf dem Nikolausberg erbauten und bei der Zerstörung 1945 unversehrt gebliebenen »Käppele« – wahrhaftig ein volkstümliches und heimeliges Gegenstück zum mächtigen Marienberg und Ziel vieler Wallfahrten aus dem ganzen Frankenland.

742 wurde das Bistum Würzburg durch den heiligen Bonifatius, den tatkräftigen Organisator der Kirche Deutschlands, gegründet und von ihm der heilige Burkhard als erster Bischof eingesetzt. Die Weihe des ersten Domes erfolgte 788 in Gegenwart des Kaisers Karl des Großen. Dieser Dom hatte eine abwechslungsreiche Geschichte bis hin zu seiner Zerstörung 1945 und seinem 22jährigen Wiederaufbau, der 1967 abgeschlossen werden konnte.

Wer an das Grab des Heiligen Kilian treten will, darf dies nicht im Würzburger Dom suchen. Er muß vielmehr zur benachbarten Kirche Neumünster, erbaut von dem Südtiro-

Wallfahrtskirche Käppele (174
von Balthasar Neumann erb

Würzburger Innenstadt mit Kuppeln und Türmen seiner Kirchen

ler Antonio Petrini (1624–1701), gehen mit seiner für das Würzburger Stadtbild charakteristischen Kuppel. Die über dem Kiliansgrab erbaute erste Bischofskirche wurde zur Keimzelle der heutigen Stadt, die sich gegenüber der Festung Marienberg entwickelt hat.

Der heilige Kilian mit seinen Gefährten ist mehr als eine der vielen Gestalten der Kirchengeschichte. Sein Leben und Wirken, vor allem sein Martyrium ist gerade in unserer Zeit zur Anfrage geworden, ob die Wallfahrer, die an seinem Grab beten, mit dem gleichen Mut wie er das Zeugnis des Glaubens verkünden und vorleben! Jünger Christi sein, heißt heute und noch mehr in der Zukunft, glaubwürdiger und oft einsamer Zeuge Christi und seiner Kirche zu sein – inmitten einer wachsenden Wüste des Unglaubens und der Kirchenskepsis.

Käppele-Kirche, Innenansicht

Wurzach

Bistum Rottenburg-Stuttgart

»In der Geschichte unseres Glaubens gelten und galten die Berge als Orte einer Besonderen Begegnung mit Gott... alle dieser Berge sind gleichsam mit Golgota, mit Christus, in Verbindung zu bringen« (Kardinal Joseph Ratzinger). Dieses Wort läßt sich in besonderer Weise auf jenen Gottesberg anwenden, der in der Nähe von Bad Wurzach/Allgäu liegt.

Die einschiffige und lichte Wallfahrtskirche zeigt über dem Hochaltar in der Apsis drei hochragende Kreuze, Erinnerungszeichen an Christus inmitten der beiden Schächer: »Zusammen mit ihm kreuzigten sie zwei Räuber, den einen rechts, den anderen links von ihm« (Mk 15,27). Die Kostbarkeit dieser Wallfahrtskirche Gottesberg, kunstverständig und eifrig betreut von den Patres des angebauten Salvatorianerklosters, ist eine Heilig-Blut-Reliquie, eingefügt in ein goldschimmerndes Reliquiar.

Berühmt und vielbesucht sind die Heilig-Blut-Ritte, bei denen von einem Priester, angetan mit den liturgischen Gewändern und wie die übrigen Teilnehmer hoch zu Roß, die Heilig-Blut-Reliquie segnend mitgeführt wird. So mancher Schaulustige wird mit seinen Fotoapparat Aufnahmen dieses seltenen Geschehen knipsen und in seinen Foto-Alben Erinnerungen an den festlichen Ritt von Wurzach besitzen.

Dem gläubigen Christen ist die Heilig-Blut-Reliquie mehr als ein interessantes Schau-Objekt. Sie ist – heute mehr denn je – Herausforderung des Glaubens, nachdenkenswertes Zeichen der gekreuzigten und kreuzigenden Erlöserliebe Jesu Christi!

Heilig-Blut-Reliquiar

Hochaltar der Wallfahrtskirche Gottesberg in Wurzach

Xanten

Bistum Münster

Die Stadt Xanten am Niederrhein, eine einzigartige Stätte abendländischer Geschichte, hält die Verehrung an den heiligen Märtyrer Viktor und seiner Gefährten wach, die als Angehörige der berühmten »Thebaischen Legion« zu Beginn des 4. christlichen Jahrhunderts für Christus und seine Kirche starben. Die Bezeichnung »Thebaische Legion« dürfte daher rühren, daß diese römische Truppeneinheit früher wohl in Ägypten (in der Thebais) stationiert war, später aber nach dem Westen versetzt wurde. Weil es sich bei den Mitgliedern dieser Truppe um Christen handelte, sind sie mit dem Edikt der Christenverfolgung, das Kaiser Diokletian (284–305) herausgab, in Konflikt gekommen. Sie dürften im heutigen

Xanten-Touristen besuchen den Archäologischen Park der römischen Stadt »Colonia Ulpia Trajana« (CUT), Pilger ziehen zum Xantener Dom

Das Wahrzeichen von Xanten – der Xantener Dom, die Kirche des heiligen Viktor, mit seinen Doppeltürmen

St. Maurice (das römische Acaunum) um 302 das Martyrium erlitten haben.

Eine alte Kultstätte am Niederrhein hatte schon sehr früh den Namen »ad sanctos« (zu den Heiligen), aus dem der Stadtname »ze Santen« = Xanten sich entwickelt hat. Eine bereits im 4. Jahrhundert erbaute Gedächtniskirche wurde ersetzt durch den romanisch-gotischen Bau des heutigen St.-Viktor-Domes, der in mehreren Stil- und Bauepochen (ab 1167 Errichtung des romanischen Westchores; 1263 Grundsteinlegung zum Bau des gotischen Domes durch den Kölner Erzbischof Friedrich von Hochstaden; vollendet 1530) erstand.

Weithin sichtbar über der flachen Landschaft des Niederrheins war und ist der St.-Viktor-Dom ein Ziel, das Wallfahrer ebenso gerne ansteuern wie kunst- und geschichtsbeflissene Touristen. Das Martyrium des heiligen Viktors und seiner Kameraden aus der Thebaischen Legion wird gewiß auch heutige Christen daran erinnern, daß es Situationen gibt, wo man Gott und seinem Gewissen mehr gehorchen muß als Menschen und irdischen Mächten.

Im nordwestlichen Stadtbezirk Marienbaum (an der Bundesstraße 57) lädt die Wallfahrtskirche Marienbaum mit einem Gnadenbild aus dem 14. Jahrhundert zu einem Besuch und einer Gebetsstunde bei Maria ein, die gerade in Xanten auf Grund der lokalgeschichtlichen Märtyrerverehrung mit besonderer Vorliebe als »Königin der Märtyrer« angerufen wird.

Mittelschiff des Xantener Doms. In der Krypta wurde neben der Grabstätte der frühchristlichen Märtyrer eine Mahn- und Sühnestätte errichtet. Neben Gräbern von Opfern des Dritten Reiches stehen, stellvertretend für alle Opfer einer dunklen Zeit, Urnen, in denen Erde aus den Konzentrationslagern Auschwitz, Bergen-Belsen und Dachau enthalten ist

Kurzlexikon bedeutender Wallfahrtsorte

Allersdorf

Bistum Regensburg

In der Nähe von Abensberg (in der Hallertau) bei Kelheim schaut von einer kleinen Anhöhe ins Land die Wallfahrtskirche »Zu Unserer Lieben Frau« von Allersdorf. Die mächtige Wallfahrtskirche ist wie mit einem »Vorwerk der marianischen Burg« von zehn Kapellen umgeben. Die einschiffige Kirche wurde in ihrer heutigen Kreuzform nach den Schwedenkriegen im 17. Jahrhundert erbaut. Vielen Eheleuten ist dieses Gotteshaus, dessen Gnadenbild besonders in familiären Nöten angerufen wird, als ihre Hochzeitskirche zu einer wichtigen, immer wieder aufgesuchten Station ihres Lebens geworden.

Altenberg

Erzbistum Köln

Der Altenberger Dom gilt als eine der größten Kostbarkeiten der gotischen Baukunst in Deutschland. Er war seit 1160 Abteikirche der Zisterzienser. Das Gnadenbild der Altenberger Madonna ist eine hängende Marienstatue im Strahlenkranz und wohl in der Zeit 1520/30 entstanden. Nach der Säkularisation (1803) wurde der »Bergische Dom« jahrzehntelang als Steinbruch verwendet. Seit der Wiederherstellung 1895 dient er als Simultankirche für evangelische und katholische Gottesdienste. In Altenberg ist die Zentrale des Bundes der Deutschen Katholischen Jugend (BDKJ). Kaum bekannt ist, daß das Stichwort »Weiße Rose« in Verbindung mit der Münchener Widerstandsgruppe 1943 einer Legende der Altenberger Zisterzienserabtei entstammt: Wer zu den Altenberger Zisterziensern gehörte, fand drei Tage vor seinem Hinscheiden an seinem Platz im Chor eine weiße Rose, die jedoch nur für ihn sichtbar war: ein Zeichen Gottes, sich für den Weg ins Jenseits bereit zu machen.

Arnstein

Bistum Limburg

Das 1139 vom Grafen Ludwig III. von Arnstein gegründete Prämonstratenserkloster, weithin sichtbar über dem Lahntal (mit der Bundesbahn erreichbar über Bahnhof Obernhof/Lahn), war jahrhundertelang religiöser und kulturelles Zentrum. 1919 wurden Kirche und Kloster den »Arnsteiner Patres« anvertraut, die mit größter Opferbereitschaft ihre Dienste dem einzigen Herz-Jesu-Wallfahrtsort im deutschsprachigen Raum zur Verfügung stellen. Gnadenbild von Arnstein ist das mächtige Christusbild im Hochaltar, das seine Arme den Pilgern entgegenstreckt und ihnen zuruft: »Kommet alle zu mir, die ihr mühselig und beladen seid, ich will euch erquicken«. Die Wallfahrtskirche von Arnstein – Stätte der Einkehr und Besinnung, aber auch Stätte der Erneuerung und des Auftrags. Man hört förmlich die Worte des Gekreuzigten: Das tat ich für dich – was tust du für mich, für deinen Nächsten, für die Kirche? Die gekreuzigte und kreuzigende Liebe Jesu Christi wird hier zum erlebten Auftrag – zur Solidarität, zum wahren Frieden, den nicht die Welt, sondern Gott allein geben kann.

Aufhausen

Bistum Regensburg

Seit dem Jahr 1670, als der große Marienverehrer und Priester Johann Georg Seidenbusch eine Nachbildung des Gnadenbildes Maria Schnee (aus der römischen Basilika Santa Maria Maggiore) hier aufstellte, sind Ströme von Pilgern, Adelige und Leibeigene, Gesunde und Kranke hierhergekommen. Sie haben ihre Anliegen vorgetragen der »wundertätigen Muttergottes«, einem 50 cm hohen, holzgeschnitzten Gnadenbild aus dem beginnenden 17. Jahrhundert. Die südlich von Regensburg gelegene, 1751 erbaute Wallfahrtskirche Maria Schnee ist ein Werk des Barockbaumeisters Johann Michael Fischer (1692–1766). Erwähnenswert ist, daß auf dem Altar der Frauenkapelle (links vom Chor) ein wertvolles Tafelbild mit einer sitzenden Muttergottes zu sehen ist, dessen Entwurfzeichnung 1509 Albrecht Dürer (1471–1528) angefertigt hat.

Bamberg

Erzbistum Bamberg

Der Gebäudekomplex, in den der Bamberger Dom einbezogen ist, wird mit Recht eine der größten deutschen Domburgen (deren Umgang etwa 1,2 km mißt) bezeichnet. Die Weihe des

Domes erfolgte am 6. Mai 1012, aber bereits am 3. April 1081 brannte dieser von Kaiser Heinrich IV. errichtete Bau völlig nieder. Erst gegen Ende des 13. Jahrhunderts war der Neubau (Gesamtlänge 95 m) vollendet. Seit 1766 hat der Dom seine heutige Gestalt. Unter den vielen Sehenswürdigkeiten ist vor allem der »Bamberger Reiter« bekannt (am linken Pfeiler gegenüber dem Kaisergrab beim Aufgang zum Ostchor). Zwei Grabstätten ziehen immer wieder die Pilger an: das von Tilmann Riemenschneider 1513 aus Solnhofer Kalkstein gemeißelte Grab des heiligen Kaisers Heinrich IV. (†1106) und seiner Gemahlin Kunigunde im Ostchor (Georgenchor) und das Hochgrab des deutschen Papstes Clemens II. (†1047) im Westchor (Peterschor), das einzige Papstgrab nördlich der Alpen. Seit Abschluß der Domerneuerung (1973/74) führt der Blick vom (1974 neuerrichteten) Hochaltar ostwärts zum Kaisergrab, westwärts zum Papstgrab: Es ist der eine Herr, aus dessen Erlösungswerk die Quellen der Gnade fließen. Wer alljährlich die vielen Touristen sieht, die durch die Hallen des Bamberger Doms sich drängen, stellt sich doch die Frage, ob diese von ihrem christlichen Glauben oder eher durch ihr kunstgeschichtliches Interesse hierher geführt wurden.

Barweiler

Bistum Trier

Auf ein Lilienwunder des Jahres 1726 geht die Wallfahrt zur »Mutter Gottes mit der Lilie« in Barweiler (Kreis Ahrweiler) zurück. Damals trieb, wie die Überlieferung sagt, eine verdorrte Lilie in der Hand der Gottesmutter im September Knospen und Blüten. Die Hauptwallfahrtszeit erstreckt sich deshalb auch zwischen dem 8. September (Mariä Geburt) und dem 2. Sonntag im Oktober. Weil dieser Wallfahrtsort bis zu Beginn des 19. Jahrhunderts zum Erzbistum Köln gehörte, kommen heute noch die meisten Pilger aus Pfarreien des ehemaligen Kölner Erzbistums. Es sind vor allem Bitten um Heilung in Krankheiten und Hilfe in den vielfältigen Nöten landwirtschaftlicher Betriebe, die der »Mutter Gottes mit der Lilie« als Fürsprecherin und Helferin anempfohlen werden.

Bergen-Belsen

Bistum Hildesheim

Unter den deutschen Wallfahrtsstätten nimmt die 1961 von Bischof Heinrich-Maria Janssen eingeweihte Sühnekirche vom Kostbaren Blut in Bergen bei Celle einen besonderen Platz ein – nicht bloß deshalb, weil hier wohl der jüngste deutsche Wallfahrtsort vorliegt, sondern weil die Pilger die Sühne für schrecklichste Ereignisse der jüngsten deutschen Vergangenheit in den Mittelpunkt ihres Betens stellen. Die Sühnekirche will Mahn- und Gebetsstätte für die etwa 50000 Opfer des Konzentrationslagers Bergen-Belsen (1943/45) sein.

Jedem christlichen Besucher dieser Stätte müßte bedrängend bewußt werden, daß es nicht genügt, den mit Blut und Tränen gesättigten Bereich des ehemaligen Konzentrationslagers nur abzuschreiten, im Dokumentenhaus nur Informationen zu erhalten und sich nur zu fragen, wie so etwas passieren konnte. Wo Sünde geschehen ist, kann nur Gottes Gnade Vergebung und eine neue, geläuterte Zukunft schenken. Gerade Christen sind aufgerufen, durch Leiden, Opfern und Sühnen das zu ergänzen, was – nach einem kühnen Wort des Kolosserbriefes (1,24) – am Leidensmaß Christi noch fehlt. Es muß beschämen und unruhig machen, daß unter den Schergen und Folterknechten des Konzentrationslagers Bergen-Belsen auch Christen waren!

Bettbrunn

Bistum Regensburg

Eine Hostienschändung im Jahr 1125 war die Ursache für die Errichtung einer ersten, hölzernen Sühnekapelle in der Nähe eines Brunnens (der ursprüngliche Name »Bet-Brunn« ist seit 1378 bezeugt). Das holzgeschnitzte, 34 cm hohe Gnadenbild St. Salvator, ein Werk der Hochromanik, blieb beim Brand 1329 fast unversehrt. Eine später errichtete, gotische Kirche (aus dem Jahr 1329) bildet den Grundstock der heutigen, spätbarocken Wallfahrtskirche St. Salvator im Landkreis Eichstätt. Unter dem auf vier romanischen Säulen errichteten Gnadenaltar ist heute noch jener Fels zu sehen, auf dem die Hostie gefunden und erhoben wurde.

Kostbare Votivkerzen (im Chorraum) sind Zeugnisse gläubigen Betens und Dankens. Jesus Christus, der Erlöser der Welt, ausgestattet mit Krone, Szepter und Weltkugel, hat im Gnadenbild geradezu väterliche Züge, so daß man sich an das Jesus-Wort erinnert: »Wer mich sieht, sieht den, der mich gesandt hat« (Joh 12,45). Die helle und frohstimmende Kirche läßt den Blick immer wieder hinaufgehen zu den farbenprächtigen Deckenfresken, die an einer Holzdecke, aufgehängt am Dachstuhl, angebracht sind. Neben der Entstehungsgeschichte dieser Wallfahrt wird in vielfältigen Hinweisen das Geheimnis Christi im Opfer und Priestertum des Neuen Bundes veranschaulicht: Christus, der eine und einzige Mittler zwischen Gott und den Menschen, bewahre uns vor falschen Heilbringern und verführerischen Heilslehren!

Billerbeck
Bistum Münster

Über tausend Jahre ist der Ort Billerbeck (etwa 30 km westlich von Münster), an dem der Gründerbischof des Bistums Münster, Ludger (Liudger) am 26. März 809 mit 67 Jahren starb, Zentrum der Ludger-Verehrung geblieben, obwohl sein Leichnam in Werden an der Ruhr bestattet wurde. In Billerbeck befindet sich ein herrliches St.-Ludgerus-Reliquiar aus dem Jahr 1736. 1898 wurde der heutige Sankt-Ludgerus-Dom eingeweiht, in dessen Südturm das Sterbehaus des heiligen Ludger, Hauptziel der Wallfahrer, eingefügt wurde.

Billerbeck ist gerade durch die Verehrung des aus Friesland stammenden Glaubensboten Ludger eine bleibende Anfrage an Einheit und Tiefe des christlichen Glauben. Mit gewollter Absicht hat am 15. April 1934, als Christen sich zunehmend einem antichristlichen Terror ausgesetzt sahen, der damalige Bischof von Münster, Clemens August von Galen (†1946), an dieser historischen Stätte etwa 18000 Männern und Jungmännern zugerufen: »Soll man einst von uns sagen, daß wir vergessen und verleugnet haben, was seit St. Ludgers Zeiten unseres Volkes kostbarster Besitz war? Haltet fest am Glauben, wie eure Väter ihn festgehalten haben«. Ein Mahnwort – heute aktueller denn je!

Bischwind
Bistum Würzburg

Das Gelöbnis, das der an den Feldzügen des Prinzen Eugen (†1736) beteiligte Soldat Johann Georg Mittnacht während seiner türkischen Gefangenschaft machte, ist die nachweisbare Ursache für die Erbauung einer ersten Kapelle zu Beginn des 18. Jahrhunderts. Die heutige Wallfahrtskirche »Maria, Helferin der Christen« in der Nähe von Gerolzhofen im Landkreis Schweinfurt – in Volksmund »Bischwinder Kappel« genannt – wurde 1875 konsekriert. Das Gnadenbild, eine Kopie des Marienbildes von Bogenberg bei Straubing/Niederbayern, zieht wohl deshalb die Pilger an, weil sie sich von Maria, die selbst einen Leidens- und Schmerzensweg zu gehen hatte, in ihren persönlichen und familiären Nöten, in den großen Anliegen der Kirche wie der Welt verstanden wissen.

Blieskastel
Bistum Speyer

Über die Autobahn Mannheim–Saarbrücken erreicht man den Wallfahrtsort Blieskastel, die Geburtsstadt des am 27. Mai 1901 geborenen und am 31. Dezember 1960 in München verstorbenen Erzbischofs von München und Freising, Joseph Kardinal Wendel. Das 80 cm große, aus Eichenholz geschnitzte Gnadenbild der schmerzhaften Gottesmutter in der Hl.-Kreuz-Kapelle wird »Pfeilenmadonna« genannt, weil in ihm fünf eiserne Pfeilspitzen stecken, die von Bildschändern stammen dürften. Es ist im 14. Jahrhundert geschaffen worden und gehört zu den ältesten Vesperbildern des deutschen Raumes. Es zeigt die vor Schmerz verstummte Mutter Maria mit dem toten Sohn auf ihrem Schoß. Was muß wohl in jenen Menschen vorgegangen sein, um auf diese ergreifende Pietà mit eisernen Pfeilen zu schießen und sie zu zerstören?

Bochum-Stiepel
Bistum Essen

Wenn auch im Zeitalter der Reformation das alte Gotteshaus, eine der ältesten Kirchengründungen im Ruhrgebiet (dessen Geschichte bis in das 11. Jahrhundert zurückreicht) zerstört wurde, kann sich die erst 1914/15 erbaute katholische Kirche glücklich schätzen, seit 1920 das alte Gnadenbild der »Schmerzhaften Mutter« in seinen Mauern wieder zu besitzen. Dieses alte Vesperbild, das Maria mit dem toten Sohn auf ihrem Schoß zeigt, beginnt immer mehr Pilger anzuziehen – Jugendgemeinschaften ebenso wie Seniorengruppen, Heimatvertriebene, Pfarrgemeinden und viele einzelne Beter. Fernab vom Getriebe und von der Hast der modernen Leistungsgesellschaft und technisierten Welt wollen sie sich zur stillen Besinnung zurückziehen, der »Schmerzhaften Mutter von Bochum-Stiepel« ihre Anliegen vortragen, um gläubig gestärkt und getröstet wieder in den Alltag der Familie und des Berufes zurückzukehren.

Bogenberg
Bistum Regensburg

In der Nähe von Straubing steht auf einem hochragenden Granitfelsen die mächtige Pfarr- und Wallfahrtskirche »Zu Unserer Lieben Frau« von Bogenberg. Das Gnadenbild der Muttergottes, eine 1,05 m hohe, gotische Sandsteinfigur, stellt dar – eine im deutschen Raum wohl einzigartige Szene des Marienlebens – Maria »in der Hoffnung«: Unter dem Herzen Marias befindet sich eine rechteckige Öffnung, in der ein aufrechtstehendes Christuskind zu sehen ist. Die Hände Marias ruhen auf ihrem gesegneten Leib. Eine aktuelle Ausstrahlung könnte von diesem Marienbild ausgehen gerade in einer Zeit, in der das Ja zum Kind nicht wenigen Ausflüchten ausgesetzt ist. Berühmt ist der Pilgerzug, alljährlich am Pfingstsonntag, wenn eine 13 m lange »Kerze« (es handelt sich um einen geschälten Fichtenstamm, der mit 75 Pfund rotem Wachs umwunden ist) mit äußerster Kraftanstrengung und umsäumt von unzähligen Schaulustigen senkrecht auf den Berg und in die Wallfahrtskirche getragen wird.

Nördlich der Donau liegt die Wallfahrtskirche »Zum Salvator«, die in den Hang des Bogenberges gebaut wurde und an eine Hostienverunehrung am Karfreitag 1413 erinnert. Die heutige Anlage, 1777 im Rokokostil ausgemalt, erinnert in den Gemälden an das Geheimnis des Altarsakramentes. Der Altar, um das Chorfenster komponiert, zeigt in der Mitte ein Ölgemälde mit einem sogenannten Kelter-Christus. Eindrucksvoll und zum Gebet einladend ist die lebensgroße Statue eines Leidensheilandes mit der Schulterwunde.

Buschhoven

Erzbistum Köln

Eine moderne Wallfahrtskirche grüßt den Pilger, der in Buschhoven das dorthin 1974 übertragene Gnadenbild »Rosa mystica« (geheimnisvolle Rose) besucht (60 cm hohe, aus dem Ende des 12. Jahrhundert stammende Holzstatue). Dieses Gnadenbild stand ursprünglich im Kloster Schillingscapellen, etwa 3 km nordwestlich von Buschhoven. Buschhoven, an der B 56 zwischen Bonn und Euskirchen gelegen, wird als ältester Wallfahrtsort im Rheinland gerühmt.

Maria wird gerade hier, wie es das bekannte Adventslied »Es ist ein Ros entsprungen« besingt, verehrt als der geheimnisvolle Rosenstock, der Wurzelstock Jesse, dem der Erlöser sein irdisches Leben verdankt. Mit übergroßen Händen hält Maria das auf ihrem Schoß sitzende Jesuskind, das die rechte Hand zum Segen erhebt und in der linken Hand ein Szepter hält. Maria tritt in den Hintergrund, um ihr segnendes, göttliches Kind den Betern entgegenzuhalten, als wollte sie sagen: »Tut alles, was er euch sagen wird« (Joh 2,5).

Bussen

Bistum Rottenburg-Stuttgart

Die neu erbaute Wallfahrtskirche auf dem Bussen, dem heiligen Berg Oberschwabens, beherbergt ein Gnadenbild der schmerzhaften Mutter Maria, das dem ursprünglichen, bei einem Brand um 1580 sehr beschädigten Vesperbild nachgeschnitzt wurde. In einem lichten Raum begegnet der Pilger der Pietà-Darstellung, einer königlich gekrönten, vom Ostersieg umstrahlten Schmerzensmutter. Der Kirchenraum nimmt den Beter hinein in eine wohltuende Geborgenheit, die das Leid nicht leugnet, aber verklärt und glückbringend in der österlichen Herrlichkeit zu sehen vermag. Der Schmerz des Vesperbildes beginnt zaghaft und doch überzeugend in die Frohbotschaft der Auferstehung einzustimmen: »Freu dich, du Himmelskönigin, freu dich, Maria! Freu dich, das Leid ist alles hin. Bitt Gott für uns, Maria«.

Coesfeld

Bistum Münster

Seit dem Jahr 1300 ist die Kreuzwallfahrt zur St. Lamberti-Kirche in Coesfeld bezeugt. Eine ursprünglich spätromanische Hallenkirche wurde in der Zeit zwischen 1473 und 1524 spätgotisch umgebaut. Ziel der Wallfahrer ist das lebensgroße Gabelkruzifix, im beginnenden 14. Jahrhundert aus Holz geschnitzt. Im Kopf des gekreuzigten Christus ist eine Kreuzreliquie eingelassen, die nach alter Überlieferung seit dem 9. Jahrhundert bereits in dieser Kirche verehrt wurde. Das Coesfelder Kreuz läßt überaus eindringlich das Wort Jesu vernehmen: »Wer mein Jünger sein will, der nehme sein Kreuz auf sich und folge mir nach« (Mt 16,24).

Deggingen

Bistum Rottenburg-Stuttgart

Inmitten einer ruhigen, zur Besinnung einladenden und von Linden bewachsenen Landschaft liegt die zwischen 1716 und 1718 erbaute Wallfahrtskirche Ave Maria bei Deggingen (im oberen Filstal zwischen Geislingen/Steige und Wiesensteig). Wer den lichten, spätbarocken Kirchenraum betritt, wird gefesselt von dem leuchtenden Stuckaltar, in den unter einer Krone wie in eine übergroße Monstranz das Gnadenbild der Madonna (aus dem 15. Jahrhundert) eingefügt ist. Mit beiden Händen trägt Maria ihr Kind, den menschgewordenen Sohn Gottes. Dem gläubigen Beten und Betrachten wird hier eindringlich vor Augen gestellt, wie sehr Maria mit ihrem göttlichen Kind zusammengeschaut werden muß. Diese Gedanken sind auch aufgegriffen in den Altargemälden und Fresken, die Leben und Wirken Marias im göttlichen Heilsplan veranschaulichen.

Dettelbach

Bistum Würzburg

Im fränkischen Landkreis Kitzingen liegt in der Nähe von Dettelbach auf dem rechten Mainufer die Wallfahrtskirche »Maria im Sand«. Sie wurde zu Beginn des 17. Jahrhunderts erbaut und erfuhr vor allem unter Fürstbischof Julius Echter (†1617) eine starke Förderung. Unter dem Rippengewölbe der Vierung steht der imposante, von Agostino Bossi (1778/79) errichtete Gnadenaltar (das Vorbild Vierzehnheiligen ist unverkennbar!) aus rotgrauem Stuckmarmor, umsäumt von einer Marmorballustrade. Dieser Gnadenaltar wird von Kunstexperten als subtilstes und letztes Rokoko bezeichnet.

Die Pilger schauen hin zum Gnadenaltar, in dessen Mitte sich in einem Glasschrein eine holzgeschnitzte, etwa 40 cm große Pietà aus der Zeit um 1500 befindet. Man könnte zwischen dem Schmerz der Gottesmutter und dem jubelnden Rokoko des Gnadenaltars einen Widerspruch sehen. Aber gerade hier wird die überzeugende Botschaft verkündet, daß Kreuz und Auferstehung zusammengehören und als ein einziges Glaubensgeheimnis in dankbarer, ja jubelnder Lobpreisung verkündet werden.

Eggerode

Bistum Münster

Auf einer germanischen Kultstätte des Schwertgottes Tiu ist in der Zeit der Kreuzzüge eine Wallfahrtsstätte zu »Unserer Lieben Frau vom Himmelreich« in Eggerode, nördlich von Coesfeld, erbaut worden (der Name Eggerode leitet sich her von eggium = zweischneidiges Schwert; rodde = gerodetes, kultiviertes Land). Eggerode zählt zu den ältesten Marienwallfahrtsorten des Bistums Münster. Das aus dem 13. Jahrhundert stammende Gnadenbild weist byzantinische Züge auf. Es zeigt eine sitzende, gekrönte Muttergottes, die in ihrer rechten Hand als Himmelskönigin ein Szepter trägt, während ihre linke Hand das segnende Jesuskind umfängt. Dieses Marienbild steht in einer 1843/44 erbauten Kapelle, die nach dem Krieg durch einen Chorbau erweitert wurde. Der gesamte Wallfahrtsbereich hat in jüngster Zeit durch einen Freialtar und durch die Erneuerung des alten Marienbrunnens eine gelungene Gestaltung als einladende Stätte des Gebetes und der Besinnung erfahren. Die Wallfahrtszeit dauert vom ersten Fastensonntag bis Allerseelen. Ihren alljährlichen Höhepunkt hat sie in der Marienfestwoche im September.

Engelberg

Bistum Würzburg

Auf dem sogenannten Engelberg, einem der südlichsten Ausläufer des Spessart, ist die Kloster- und Wallfahrtskirche Engelberg erbaut, geweiht dem heiligen Erzengel Michael. Bereits um 1300 sind Pilger zu einem Heiligtum des heiligen Michael heraufgezogen, dessen Bild als Schutzpatron des Heiligen Römischen Reiches Deutscher Nation auf den alten Reichsbannern eingestickt war (die Bezeichnung »deutscher Michel« leitet sich her von der Verehrung des Erzengels Michael gerade durch die deutsche Nation!). Anfangs dürfte wohl nur ein Bildstock mit einer Schnitzfigur des Erzengels auf dieser Höhe gestanden haben. Ihre jetzige Gestalt hat die Wallfahrtskirche zu Beginn unseres Jahrhunderts erhalten. Der Säulenhochaltar aus dem Jahr 1909 zeigt auf einem eingefügten Relief den Erzengel Michael als Patron der Sterbenden. Sehr früh schon ist auf dem Engelberg auch Maria, die Königin aller Engel und Heiligen, besonders verehrt worden. An der rechten Seite des heutigen Langhauses ist eine Marienkapelle angebaut, in der vor einem bäuerlich-schlichten Gnadenbild der freudenreichen Muttergottes (75 cm hohe, gefaßte Holzfigur aus dem 14. Jahrhundert) Pilger ihre Anliegen der Fürsprache Marias anempfehlen.

Essen

Bistum Essen

Das jüngste, am 1. Januar 1958 errichtete deutsche Bistum Essen besitzt in seiner Dom- und Kathedralkirche in Essen das Marienbild der »Goldenen Madonna« (einer mit Gold überzogenen Holzfigur, entstanden vor dem Jahr 1000). Kunstexperten rühmen sie als ältestes plastisches Madonnenbild des Abendlandes. Am 11. Oktober 1959 wurde dieses Marienbild aus der Schatzkammer in die Marienkapelle des Domes übertragen. Es sollte damit ein Zeichen gesetzt werden, die »Goldene Madonna« nicht nur als Kunstwerk zu bewundern, sondern sie wieder in den Mittelpunkt der religiösen Verehrung zu stellen, wie dies Papst Johannes XXIII. in einem Schreiben vom 8. Juli 1959 angeregt hatte, als er Maria »zur ersten und besonderen Patronin des ganzen Bistums bei Gott« erhob. Viele Wallfahrer versäumen es nicht, in die Krypta hinabzusteigen um dort am Grab des Glaubensboten und Gründers des Stiftes Essen, des am 15. August 874 verstorbenen Hildesheimer Bischofs Altfrid zu beten. An ihn erinnert auch der Altfrid-Brunnen vor der Münsterkirche.

Essen-Werden

Bistum Essen

Gleich einer mächtigen, festgegründeten Gottesburg ragt in Essen-Werden der romanische Ludgerusdom (ehemalige Abteikirche der Benediktiner) auf, der 1275 seine Weihe erhalten hat. Der Weg der Pilger führt vom Innenraum, dessen Ausstattung der spätbarocken Epoche (1706/18) entstammt, hinunter in die Krypta. Dort befindet sich das Grab des heiligen Ludger, des ersten Bischofs von Münster, der 796 hier in Werden die Kirche gegründet und seinem Wunsch gemäß hier seine letzte Ruhestätte erhalten hat. Nicht versäumen sollte man, von dem eindrucksvollen Bronzekruzifix aus dem Jahr 1060 sich fesseln und zur Besinnung anregen zu lassen, das in der Schatzkammer des Domes gezeigt wird. An Gräbern der ersten Glaubensboten und Gründerbischöfe deutscher Bistümer ist die Anfrage nicht zu überhören: Wie steht es heute um die Botschaft Christi, um Glauben und Kirchentreue in deutschen Landen?

Fährbrück

Bistum Würzburg

Hineingebaut in die Weite der unterfränkischen Landschaft sind Kloster und Kirche (mit dem 58m hohen Turm) von Fährbrück (Landkreis Würzburg). »Vom Paradies noch ein Stück: Das ist Fährbrück« (P. Gabriel Schlachter). Vom 12. Jahrhundert an ist Fährbrück ein vielbesuchter Wallfahrtsort. In den Wirren der Bauernkriege wurde 1525 die Wallfahrtskirche völlig zerstört. Wie tief aber die Verehrung der Gottesmutter von Fährbrück im katholischen Volk verwurzelt war, bezeugt die Tatsache, daß weit über hundert Jahre (1525–1651) die Pilger auch an die verlassene Stätte der zerstörten Wallfahrtskirche kamen, um hier zu beten. Erst nach dem 30jährigen Krieg (1618/48) gelang es, 1651 eine hölzerne Wallfahrtskapelle wieder zu errichten. In der jetzigen Wallfahrtskirche, deren Bau der Fürstbischof von Würzburg Johann Gottfried von Guttenberg (1684/98) förderte, wurde der erste feierliche Gottesdienst bereits am 1. Mai 1697 gefeiert, eingeweiht wurde sie jedoch erst am 12. Mai 1891 durch Bischof Stein von Würzburg. In den letzten Jahren hat die Wallfahrtskirche eine gelungene Restaurierung erfahren. Das Gnadenbild in der Nische des ehemaligen rechten Seitenausganges wurde 1798 im Auftrag des Freiherrn und Hofmarschalls von Guttenberg von Peter A. Wagner geschnitzt.

Frauenberg-Fulda

Bistum Fulda

Ein Stück deutscher Missionsgeschichte ist mit dem Frauenberg bei Fulda verbunden. Hier hielt sich nicht nur der Glaubensbote Winfried-Bonifatius gerne auf, so daß der Berg ursprünglich »Bischofsberg« genannt wurde. Es war Rhabanus Maurus, der während seiner Wirksamkeit als Abt des Benediktinerkloster in Fulda (802/17) hier eine erste, der Gottesmutter geweihte Kirche errichten ließ und auch verfügte, hier begraben zu werden (gestorben 856 als Erzbischof von Mainz). Die alte, an Bonifatius erinnernde Bezeichnung »Bischofsberg« wurde mehr und mehr ersetzt durch die Bezeichnung »Berg unserer lieben Frau« bzw. »Marienberg« und schließlich durch die heutige Benennung »Frauenberg«. Nach einer wechselvollen Geschichte wurde 1757 die heutige, geostete Barockkirche (etwa 50m lang), ein einschiffiger Saalraum, 1763 eingeweiht. Im Hochaltar grüßt den Pilger »Maria mit dem Kind«, eine Statue, die aus dem Brand der früheren Kirche (1757) gerettet werden konnte. Eingefügt ist dieses Marienbild in die große Gebets- und Frömmigkeitstradition des Franziskanerordens, der seit 1623 hier überaus segensreich wirkt. Die Inschrift auf dem Sockel des Gnadenbildes »Ecce Mater tua« (Joh 19,27) will den Gebeten der Pilger Richtung und Vertiefung geben: Es ist der gekreuzigte Christus selbst, der seine Mutter zu unserer Mutter gemacht hat und uns anleitet, uns der mütterlichen Sorge und Fürsprache Marias zu überantworten.

Frauenwörth

Erzbistum München und Freising

Man muß das Inselkloster Frauenwörth im Chiemsee außerhalb der Saison des Massentourismus besuchen, um ebenso von der Abendstille wie von der religiösen Vergangenheit sich ansprechen und beglücken zu lassen. Kloster und Kirche sehen in dem Agilolfingerherzog Tassilo III. (746/88) ihren Gründer. Am 1. September 782 wurde die Klosterkirche durch Bischof Virgil von Salzburg eingeweiht. Eine wahrhaft stürmische Geschichte hat das Kloster Frauenwörth erlebt und überstanden. Der Baukern des heutigen Münsters ist dem 11. Jahrhundert zuzurechnen, die Grundmauern dürften sogar der karolingischen Epoche (9. Jahrhundert) angehören. Kunstgeschichtlich außerordentlich wertvoll sind die Fresken (um 1130), die über dem gotischen Gewölbe sich befinden. Wer als Beter diese Kirche betritt, bleibt zunächst stehen vor dem mit einem Eisengitter eingefaßten Hochgrab am Fundament des Westpfeilers, in dem die am 16. Juli 866 verstorbene selige Irmgard beigesetzt wurde. Ihr Vater war König Ludwig der Deutsche (813/40), ihr Bruder König Karlmann, dessen Grab 1965 in der Stiftskirche zu Altötting entdeckt wurde. Heute befinden sich die Reliquien der seligen Irmgard in der Irmgardkapelle (hinter dem Hochaltar), wo sie unter dem Altartisch seit 1928 zu sehen sind. Als am 19. Dezember 1928 Papst Pius XI. die Verehrung der seligen Irmgard kirchlich bestätigte, schrieb der damalige Erzbischof von München und Freising, Kardinal Michael von Faulhaber: »Für die Geschichte der Diözese bedeutet das eine Stunde der Gnade«. Es ist daher zu wenig, die Fraueninsel im Chiemsee nur aus kunstgeschichtlichem Interesse zu besuchen. Nur dem Beter wird offenbar, wie sehr Gott selbst auf dem kleinen Raum dieser Insel die Geschichte seiner Gnade geschrieben hat und weiterschreiben wird.

Frauenzell

Bistum Regensburg

Die Wallfahrtskirche, die ehemalige Abteikirche eines Benediktinerklosters, ist die letzte Schöpfung der Brüder Asam, die jedoch von einheimischen Künstlern im Rokokostil 1747 vollendet wurde. Die Wallfahrt geht in das späte Mittelalter zurück, als 1317 in den Vorbergen des Bayerischen Waldes, östlich von Regensburg, eine erste Liebfrauenkapelle erbaut wurde. Die Wirren der Reformationszeit, des Dreißigjährigen Krieges wie des spanischen Erbfolgekrieges haben Kirche und Kloster verwüstet. 1747 wurde das Gnadenbild (eine aus dem 17. Jahrhundert stammende Holzfigur) feierlich in den neuen Kirchenbau übertragen, das heute zwischen den Säulen des Hochaltars steht und von zwei Leuchterengeln flankiert wird. Der Pilger, der zum Marienheiligtum Frauenzell kommt, wird in seinen Gebeten ebenso vom Gnadenbild wie von den Deckengemälden (von Otto Gebhard † 1773) Anregungen erfahren. Das Deckengemälde im Chor schildert die fürbittende Macht Marias. Im Kirchenschiff zeigt das Deckengemälde die Aufnahme Marias in die Herrlichkeit des Himmels. Die großartig restaurierte Wallfahrtskirche führt unmerklich den Besucher vom Schauen zum Beten. Man versteht, daß man sie »Wieskirche des Waldes« (Herbert Schindler) bezeichnet.

Fridritt

Bistum Würzburg

Wohl schon seit dem ausgehenden 13. Jahrhundert kommen Wallfahrer nach Fridritt (fridu = Schutz, Friede; rhiot = Sumpfgras, Ried), nordwestlich von Münnerstadt. Der heutige Kirchenbau wurde zwischen 1734 und 1737 errichtet. Das aus der Zeit um 1360 stammende Gnadenbild steht heute auf dem linken Seitenaltar. Eine wechselvolle Geschichte hat die Wallfahrt erlebt. Erst seit dem Ersten, vor allem aber nach dem Zweiten Weltkrieg ist es zu einer merklichen Belebung der Wallfahrt zur gekrönten Fridritter Gnadenmutter gekommen, die auf ihrem linken Arm das Jesuskind, in der rechten Hand ein Szepter trägt. Die seit 1972 gehaltenen »Weisbild-Lichterprozessionen« mit ihren wachsenden Pilgerzahlen sind ein Zeichen für eine neue vertrauensvolle Hinwendung unserer Zeit zu Maria, die der gekreuzigte Jesus allen Menschen als Mutter und Fürsprecherin anempfohlen hat.

Gartlberg-Pfarrkirchen

Bistum Passau

1659 wurde auf dem Gartlberg, in der Nähe des niederbayerischen Marktes Pfarrkirchen an der Rott, eine Heilig-Grab-Kirche als Nachbildung des Heiligen Grabes in Jerusalem errichtet (heute noch hinter dem Hochaltar zu betreten). In jährlichen Passionsspielen am Karfreitag wurde in dramatischer Anschaulichkeit die Erinnerung an das Leiden und Sterben Jesu tief in den Glauben des katholischen Volkes eingeprägt. Im gleichen Jahr 1659 wurde an einer Föhre ein Vesperbild angebracht, das unerwartete Wallfahrtsströme anzog. Die heutige Wallfahrtskirche zur Schmerzhaften Muttergottes mit ihren beiden Türmen (Baumeister Dominikus Chrystof Zuccali) wurde zwischen 1661/70 erbaut. Ihre Ausgestaltung mit schwerem barocken Stuck erhielt sie durch italienische Meister, die zur gleichen Zeit dem Passauer Dom das prachtvolle, barocke Gewand gaben (später wurden auch deutsche Meister aus München herangezogen). Unmittelbar über dem Altartisch des Hochaltars (das Hochaltarbild, 1687 geschaffen von Franz Ignatius Bendl zeigt die Auferstehung Christi) ist das Gnadenbild der Schmerzhaften Muttergottes angebracht – ein eindrucksvolles Gemälde, das überreich mit Perlenketten, mit Silber- und Goldbesatz verziert ist. Nach dem Ersten Weltkrieg haben vor allem die Fatimatage am 13. jeden Monats immer mehr Pilger angezogen.

Gernsheim

Bistum Mainz

Auf einer halbstündigen Fußwanderung kann man von Gernsheim, am rechten Ufer des Rheins und zwar mitten zwischen den Mündungen des Neckar und des Main gelegen, die Gnadenkapelle Maria Einsiedel erreichen. Die heutige Kirche mit Kapellenchor (ursprüngliche Gnadenkapelle) und Schiff, die ein spätgotisches Raumgefühl vermittelt, dürfte um 1500 erbaut worden sein. Einzigartig ist in der Wallfahrtskirche Maria Einsiedel, daß der Beter vor zwei Gnadenbildern steht. Das »alte« Vesperbild, eingefügt in ein spätgotisches Sandsteingehäuse, 65 cm hoch, im frühen 15. Jahrhundert aus Lindenholz geschnitzt, hat seinen Platz an der linken Seite vor dem Bogen des Kapellenchors erhalten. Das »neue« (oder auch »böhmische«) Gnadenbild, eine 1,30 m große, aus Pappelholz geschnitzte, spätgotische Madonna mit dem Jesuskind (um 1460), steht auf einer hochragenden Konsole hinter dem Altar. Maria begegnet den unterschiedlichen Anliegen der Pilger – als gekrönte Gottesmutter oder als Schmerzensmutter.

Glosberg

Erzbistum Bamberg

Inmitten des Dorfes Glosberg (in der Nähe von Kronach) liegt am Fuß des 540 m hohen Rauscherberges das Mariahilf-Heiligtum. Seine Geschichte ist verknüpft mit dem Bericht über das dreimalige Ereignis blutiger Tränen, die 1772 die Muttergottesstatue vergossen habe. Die heutige Wallfahrtskirche entstand zwischen 1730/36, wurde am 19. August 1744 eingeweiht. Der von sechs Säulen flankierte Gnadenaltar in der Apsis der Kirche birgt das einen Meter große, spätgotische (um 1460/70) Bild Marias mit dem Jesuskind, bekleidet mit brokatenen Chormänteln, die jeweils den Farben des Kirchenjahres entsprechen. Es ist oft recht still in der Wallfahrtskirche St. Maria. Aber gerade diese Stille lädt ein zum persönlichen Beten, wozu auch die lateinische Inschrift unter dem Gnadenbild der »Glosberger Madonna« anregt: »Meine Augen werden offen sein und meine Ohren werden auf das Gebet dessen gerichtet sein, der an diesem Ort betet«.

Habsberg

Bistum Eichstätt

Im oberpfälzer Raum zwischen Amberg und Neumarkt grüßt vom 621 m hohen Habsberg die alte, in Achteckform erbaute, 1731/47 erweiterte Gnadenkapelle »Maria, Heil der Kranken«: im Hochaltar das barocke Gnadenbild Maria mit dem Kind auf einer Mondsichel stehend und sich dem Beter freundlich zuneigend, umgeben von einem Kranz von Silberwolken. Neben der Gnadenkapelle wurde 1760/69 ein zweiter Kirchenbau (40 x 16,5 m) errichtet, der im Unterschied zur alten Gnadenkapelle »Wallfahrtskirche« genannt wird. Der prunkvoll ausgestattete Rokokoraum dieser Wallfahrtskirche führt den Blick sogleich hin zum reich gegliederten Hochaltar, in dessen Mittelschrein Maria Immaculata gleichsam mit allen Anliegen der Pilger dem Vater-Gott entgegenschwebt. Das einmalige Deckenfresko des Langhauses verkündet das Grundthema der Habsberger Wallfahrt: Maria – salus infirmorum, Heil der Kranken. So mancher ist von diesem Marienheiligtum mit tiefer Tröstung nach Hause zurückgekehrt, weil er seine Lebenswege, seine Freuden wie auch seine Leiden dem Schutz der Gottesmutter anvertraut hat.

Haltern

Bistum Münster

Die Verehrung der heiligen Mutter Anna, deren Name im apokryphen Jakobus-Evangelium erwähnt wird, erlebte im Mittelalter einen heute kaum vorstellbaren Höhepunkt, so daß man von ihr als einer damaligen »Modeheiligen« sprechen kann. Auf dem heutigen Annaberg, südwestlich von Haltern, ist schon vor 1378 eine der Muttergottes geweihte Kapelle bezeugt. In einer Chronik des Jahres 1556 wird von stark besuchten Wallfahrten zu einem holzgeschnitzten Gnadenbild »Anna Selbdritt« (aus der zweiten Hälfte des 15. Jahrhunderts; heute auf der rechten Seite der alten Kapelle) berichtet. Nach dem Zweiten Weltkrieg haben sich in die immer größer werdenden Pilgerströme die schlesischen Heimatvertriebenen mit ihrer Erinnerung an den oberschlesischen Annaberg eingereiht. Es erwies sich als notwendig, eine neue Pilgerkirche auf dem Annaberg zu errichten (Grundsteinlegung am 13. 8. 1967), die mit einem Durchgang mit der alten Gnadenkapelle verbunden ist. In der Wallfahrtskirche Annaberg sind Einheimische und Flüchtlinge zu einer großen Gebetsgemeinschaft verbunden, gewachsen aus der Gemeinsamkeit der deutschen Sprache und Kultur, aus der Gemeinsamkeit bitterer Erlebnisse, zutiefst aber aus der Gemeinsamkeit und Ungebrochenheit des katholischen Glaubens.

Heiligenbrunn

Bistum Regensburg

Genau auf das Datum des 1. September 1662 wird der Ursprung der Wallfahrt »Zu Unserer Lieben Frau« von Heiligenbrunn (im Tal der kleinen Laaber, nördlich des niederbayerischen Dorfes Hohenthann) zurückgeführt. Damals wurde Michael Bauer von Schmidsberg durch heilsames Wasser aus einer Quelle in der Nähe der heutigen Wallfahrtskirche plötzlich von seiner schweren Krankheit befreit. Das holzgeschnitzte Gnadenbild einer Madonna in Altöttinger Gestalt, ursprünglich an einer Säule neben dem Brunnen befestigt, erhielt auf dem Hochaltar der 1712/14 errichteten Wallfahrtskirche seinen Platz. Dieser imposante Hochaltar, dekorativ mit Engeln und vom Wind geblähten, wogenden Draperien ausgestattet (entstanden 1760/70), zeigt unter dem Gnadenbild den in Silberkaskaden herabfließenden Gnadenbrunnen. »Heiligenbrunn ist die größte und berühmteste Wallfahrt zur Altöttinger Madonna in der Diözese Regensburg« (Hans J. Utz). Heiligenbrunn – Stätte der stillen Beter und seit Generationen gern aufgesuchte Trauungskirche, um einen gemeinsamen Lebensweg unter den Schutz Marias zu stellen.

Herzfeld

Bistum Münster

Es ist nur wenigen bekannt, daß die ältesten christlichen Wallfahrten in Westfalen zum Grab der heiligen Ida in Herzfeld führten, die seit über 1000 Jahren als »Mutter der Armen« verehrt wird. Ida, eine fränkische Grafentochter und Verwandte des Kaisers Karl des Großen, war verheiratet mit dem Sachsenherzog Egbert. Sie hatte um das Jahr 800 am rechten Ufer der Lippe im heutigen Herzfeld eine erste, aus behauenen Steinen errichtete Kirche bauen lassen. Nach dem Tod ihres Mannes (†811) hat sie in der Nähe dieser Kirche gelebt und als geistige Vorfahrin der heiligen Elisabeth von Thüringen ganz für die Armen gewirkt. Einen Steinsarg, der in ihrer Zelle stand, füllte sie täglich zweimal mit Lebensmitteln und Kleidung für die Notleidenden – der gleiche Steinsarg, der ihre letzte Ruhestätte geworden ist.
In die heutige St.-Ida-Kirche, eine durchaus gelungene neugotische Basilika, eingeweiht 1903, konnten die Fundamente der früheren Kirche in der Krypta einbezogen werden. Sie bilden heute die Ida-Grabstätte. Beim Betreten der Krypta ist in einer Nische über dem Eingang das kupfervergoldete (um 1520 in Werden/Ruhr gefertigte) Hauptreliquiar der heiligen Ida zu sehen. In tiefer Erinnerung wird jedem Pilger jedoch der Mittelpunkt dieser Unterkirche bleiben – der 1882 erstellte Reliquienschrein (mit sechs wertvollen Dachplatten aus dem alten Idaschrein um 1510) und darunter der Steinsarg, in dem die heilige Ida nach ihrem Tod am 4. September 825 bestattet wurde. Diese Grabstätte, geweiht am 26. November 1980 durch den Bischof von Münster Reinhard Lettmann, ist Trostzeichen des Auferstehungsglaubens – Mahnzeichen zu opferbereiter Caritas – Aufruf zum Frieden und zur Völkerverständigung, wie dies die fränkische Grafentochter Ida durch die Verheiratung mit einem sächsischen Herzog vorgelebt hat.

Hessenthal

Bistum Würzburg

Die Wallfahrtskirche auf dem Kirchhügel der Spessartlandschaft von Hessenthal bietet sich dem Pilger als ein Baukomplex an, in dem drei Kirchen aus unterschiedlichen Zeiten in geglückter Gestaltung vereinigt sind: die gotische Gnadenkapelle (1454) – die gotische Wallfahrtskirche (Begräbniskirche mit sehenswerten Grabmälern der Familie Echter von Mespelbrunn) – der als Saalkirche 1954/55 errichtete Neubau mit einer eindrucksvollen Kreuzigungsgruppe des Meisters Hans Backoffen (†1519) in der Apsis. Die Grundlegende erzählt von einem zweifelnden Ritter, der seinen Unglauben in die herausfordernden Worte kleidete: »So wenig wie dieser Boden bluten kann, gibt es keinen Gott«. Als dieser Ritter sein Schwert in den Boden stieß und es blutüberströmt wieder herauszog, war jenes »Zeichen« gesetzt, das immer größere Menschenscharen anzog. Bereits seit dem 13. Jahrhundert (wie es die heute noch vorhandene, am 5. Mai 1293 in Aschaffenburg von Erzbischof Gerhardus von Mainz ausgestellte Urkunde belegt) pilgerten Beter zum Gnadenbild einer gotischen Pieta, das heute im Hochaltar der (um 1480 entstandenen) Gnadenkapelle zu sehen ist.

Inchenhofen

Bistum Augsburg

Wer in das Dorf Inchenhofen (ursprünglich Imechinhovin = bei den Höfen des Imicho) im schwäbischen Landkreis Aichach-Friedberg kommt, ist erstaunt über die außergewöhnlich große, dreischiffige, spätgotische Hallenkirche St. Leonhard, die in der Ortsmitte steht. Kaum bekannt ist, daß vom 13. Jahrhundert bis in die Neuzeit Inchenhofen neben Jerusalem, Rom und Santiago de Compostela zu den bedeutendsten Wallfahrtsorten der Christenheit (betreut von Zisterziensern) zählte. Im Grundgefüge weist die Kirche in die mittelalterliche Spätgotik. Sie hat im 17. Jahrhundert eine prachtvolle Ausgestaltung mit Fresken und mit Stuckdekoration erhalten. Aus der Mitte des 18. Jahrhunderts stammt ihre heutige Gestalt. Auf einem von Säulen flankierten

Hochaltar ist die goldglänzende, sitzende Gestalt des heiligen Leonhard zu sehen, umgeben von einem Strahlenkranz und einer Vielzahl von Engeln. Leonhard lebte im 6. Jahrhundert. Er dürfte aus einem fränkischen Geschlecht stammen und Schüler des Bischof Remigius von Reims gewesen sein (das mächtige Deckenfresko des Langhauses schildert sein Leben und Sterben und seine Verehrung). Eine kleine, eiserne Figur des heiligen Leonhard (um 1400), eingefügt in einem linken Pfeiler, ist seit Jahrhunderten in vielen Nöten von Pilgern berührt worden – Zeichen ihres Vertrauens zum heiligen Leonhard, der vor allem in Bauernanliegen heute noch als Fürsprecher angerufen wird.

Kälberau

Bistum Würzburg

Am Rand der Spessart, im unterfränkischen Landkreis Alzenau, liegt Kälberau (ursprünglich Kelberau) mit seiner Wallfahrtskirche »Maria vom rauhen Wind«. In einer gelungenen Erweiterung ist die erstmals 1372 bezeugte, später erweiterte Gnadenkapelle 1955/57 mit einer modernen Kirche (von Hans Schädel) verbunden worden, um die immer größer werdende Zahl der von Pallottinerpatres betreuten Pilger aufzunehmen. In der alten Kapelle steht das gotische Gnadenbild »Maria vom rauhen Wind« (50 cm hohes Holzrelief, um 1380). Ein Wallfahrtslied singt: »Unsere Liebe Frau zum rauhen Wind, gibt Trost allen, die in Kümmernis sind«. Durch einen Rundbogen ist der neue, lichtdurchflutete Kirchenneubau zu erreichen, in dem eine 1,64 m hohe, holzgeschnitzte, gotische Traubenmadonna (um 1450) hinter dem Altar auf einer Säule steht. Wie in Kälberau die alte Gnadenkapelle mit einem modernen Kirchenbau aus Stahlbeton und Glas zu einer überzeugenden Einheit verbunden worden ist, so ist auch die Marienverehrung der christlichen Vergangenheit lebendig geblieben im Wallfahren und Beten unserer Zeit.

Kaiserslautern

Bistum Speyer

Eine vielbesuchte Wallfahrtsstätte, die erst im 20. Jahrhundert erbaut wurde, ist die Gelöbniskirche Maria Schutz in Kaiserslautern. Bischof Michael Faulhaber von Speyer (1911/17) gelobte, der Gottesmutter eine Kirche zu erbauen, wenn die Pfalz während des Ersten Weltkriegs von größeren Kriegsschäden verschont bleibt. Verbunden mit einem Franziskanerkloster wurde im Osten von Kaiserslautern diese Gelöbniskirche, die mit ihren beiden stumpfen Türmen die Stadt überragt, erbaut und am 20. Oktober 1929 eingeweiht. Nach dem Zweiten Weltkrieg wurden die 1944 schwer beschädigten Gebäude der Kirche und des Klosters erneuert. In das große Gelöbnis eines ganzen Bistums haben sich seither Pfarrgemeinden und Einzelpilger eingefügt um neben den Bittgebeten das Danken gegenüber Maria nicht zu vergessen. Die besonderen Wallfahrtstage sind neben den Marienfesten des Kirchenjahres auch die Feste der franziskanischen Gemeinschaft (Franziskus von Assisi, Antonius von Padua, Elisabeth von Thüringen).

Kirrberg

Bistum Speyer

Mit »ihrer« Wallfahrtskirche in Kirrberg/Saar wissen sich die Katholiken vor allem der Westpfalz besonders verbunden. Auf eine aus der beginnenden Neuzeit stammenden Wallfahrt weist die heutige Pfarr- und Wallfahrtskirche zurück, die nach den Schäden des Zweiten Weltkriegs und Erweiterungen am 4. August 1957 eingeweiht wurde. Das Gnadenbild stand ursprünglich in der Klosterkirche Saarwerden, die in den Wirren der Französischen Revolution profaniert wurde. Der Unglaube konnte wohl die frühere Kirche entweihen. Der Glaube aber hat ihr Gnadenbild in Obhut genommen und den Wallfahrern den Weg zur alten und neuen Gnadenmutter von Kirrberg erschlossen.

Klein-Krotzenburg – Liebfrauenheide

Bistum Mainz

Seit der Mitte des 17. Jahrhunderts, als kurz nach dem Dreißigjährigen Krieg ein Marienbild (um 1620) in einer hohlen Eiche gefunden wurde, läßt sich in der Nähe von Klein-Krotzenburg (südwestlich von Frankfurt) eine Stätte des Gebetes und der Krankenheilungen nachweisen. Das damals aufgefundene Vesperbild, das eine sitzende Muttergottes mit ihrem toten Sohn zeigt, ist heute in eine Bronzefassung, die einer Eiche nachempfunden ist, eingefügt und befindet sich in der 1972/77 renovierten Kapelle auf der Liebfrauenheide, einem Schmuckstück im Herzen des Landkreises Offenburg. Vor der Gnadenkapelle steht seit 1905 die aus Eisen geschmiedete Ketteler-Gedenkkanzel: Erinnerung an den großen Bischof von Mainz, Freiherrn Wilhelm Emmanuel von Ketteler († 13. 7. 1877), der an dieser Stelle am 25. Juli 1869 vor etwa 10000 Arbeitern seine aufrüttelnde Sozialpredigt gehalten hat und dabei die

Forderungen erhob nach »Erhöhung des Arbeitslohnes nach dem wahren Wert der Arbeit, Verkürzung der Arbeitszeit, Gewährung von Ruhetagen, Verbot der Kinderarbeit in den Fabriken«. Es scheint heute nötiger denn je, mit Bischof Ketteler zur Gnadenmutter der Liebfrauenheide zu pilgern, um sie um ihre Fürsprache in den neuen Nöten unserer technisierten Arbeitswelt zu bitten.

Knechtsteden

Erzbistum Köln

Die ehemalige Prämonstratenser-Stiftskirche Knechtsteden (nördlich von Köln, im Gebiet der Stadt Dormagen), bewehrt mit einer Dreiturmgruppe, gehört zu einer imponierenden Klosteranlage, die in ihrem Grundgefüge aus dem 12. Jahrhundert stammt. 1869 hinterließ ein Brand von Stift und Kloster nur Ruinen, aus denen von 1895 an das heutige Missionshaus und das segensreiche Wirken der Kongregation vom Hl. Geist (Spiritaner) erwuchs. Der kunstgeschichtlich interessierte Besucher der heutigen Kirche, eine doppelchörige Gewölbebasilika mit östlichem Querhaus (insgesamt 60 m lang, 19 m breit, 15 m hoch), empfindet wohltuend und einladend die milde Räumlichkeit. Nicht minder ist er gefesselt von dem bedeutsamen Wandgemälde in der Westapsis (12. Jahrhundert). Der gläubige Beter wird gewiß auch das alte Knechtstedener, aus Lindenholz geschnitzte, Gnadenbild, Maria mit dem toten Sohn auf ihrem Schoß (14. Jahrhundert), aufsuchen, um Sorg und Leid jener Mutter anzuvertrauen, die trotz der Überfülle ihrer Leiden in ungebrochener Treue zu ihrem Sohne stand.

Kranenburg

Bistum Münster

Die Grenzstadt Kranenburg (ursprünglich »Cranichenburg«) mit ihrer Stifts- und Wallfahrtskirche, zwischen dem deutschen Kleve und dem niederländischen Nijmwegen gelegen, ist eine Stätte, an der sich über die Grenzen hinweg katholische Christen in der Freude des gleichen Glaubens und Betens in immer größerer Zahl begegnen. Der Ursprung dieser Wallfahrt dürfte – nach einer alten Überlieferung – auf einen Hostienfrevel (1280) zurückzuführen sein, der Sühnewallfahrten zum »wunderbaren Kranenburger Kreuz« auslöste.

Aus einer geschändeten und in einer Baumhöhle versteckten Hostie sei ein »Korpus« gewachsen, der 1308 beim Spalten des Baumes sichtbar wurde. Sicherlich haben die Aussagen des 4. Laterankonzils (1215) über die wirkliche Gegenwart Christi in den konsekrierten Gestalten wie auch die Einführung des Fronleichnamsfestes in Lüttich (1246), in Köln und Kleve (1277) der Verehrung des Kreuzes und der Hochschätzung der heiligen Messe starke Impulse gegeben. Die 1406/44 erbaute, dreischiffige Stifts- und Wallfahrtskirche St. Peter und Paul, eine spätgotische Stufenhallenkirche, ist mit vielen Kostbarkeiten ausgestattet: Chorfenster, Chorgestühl, Ambo, Hochaltar mit den Altartafeln des Meisters E. Roelotsz (1563), mittelalterliches Triumphkreuz, Antwerpener Schnitzaltar. Im südlichen Seitenschiff ist in einem steinernen Türmchen das Kranenburger Kreuz aus dem Jahr 1308 zur Verehrung ausgesetzt. Kranenburg – Stätte der Kreuzverehrung am Niederrhein seit 1308, Wallfahrtsort der Sühne und der Danksagung für das »Geheimnis des Glaubens«, das Geheimnis der Erlösung durch unsern Herrn Jesus Christus.

Lage

Bistum Osnabrück

Am Südrand des Landes Osnabrück (Kreis Osnabrück) liegt der Ort Lage, der sich um die wohl älteste Ordensburg der Johanniter Nordwestdeutschlands (Schenkungsurkunde vom 25. Juli 1245) gebildet hat. Die Erinnerung an die Erlebnisse und Wirksamkeit der Johanniter in Palästina hat sichtbare Gestalt im Lagener Kreuz (um 1300, Länge 3,55 m, Breite 1,55 m) mit einer gotischen Holzskulptur erhalten. Körper wie Gesichtausdruck des gekreuzigten Christus tragen tiefe Spuren des Leidens. Im Haupt des Gekreuzigten sind unter einer Silberplatte 25 Reliquien (u.a. Partikeln vom Kreuz Jesu Christi) eingelassen. Das Gesamtgewicht dieses mächtigen Kreuzes, das von Hilfesuchenden um die Kirche getragen wird, beträgt 150 kg. In der heutigen Wallfahrtskirche, in der durch viele Malteserkreuze auch an den Kirchenbänken die Erinnerung an die Kreuzzugszeit festgehalten ist, befindet sich das große Wallfahrtskreuz in der ehemaligen Sakristei, die 1961 zu einer stimmungsvollen Anbetungskapelle umgebaut wurde. Wer in Lage das Wallfahrtskreuz trägt, weiß ebenso um seine Schuld wie um die unverdiente Gnade der göttlichen Verzeihung.

Laudenbach

Bistum Rottenburg-Stuttgart

Indem die Christenheit das Wort aus dem Buch der Klagelieder des alttestamentlichen Propheten Jeremia (1,12): »Ihr alle, die ihr des Weges zieht, schaut doch und seht, ob ein Schmerz ist wie mein Schmerz« aufgegriffen und auf Maria angewandt hat, hat sie gläubig und künstlerisch den Zugang zur Schmerzensmutter Maria gefunden. Urkundlich bezeugt ist der Baubeginn der Berg- und Wallfahrtskirche Laudenbach bereits im Jahr 1412. In immer neuen Wallfahrtszügen und mit unterschiedlichen Anliegen sind Marienverehrer aller Jahrhunderte den Weg zum großen und eindrucksvollen Gnadenbild, einem Vesperbild aus dem frühen 15. Jahrhundert, gegangen. Von dieser Schmerzensmutter hat man sich verstanden und getröstet gewußt. In einem eindrucksvollen Gedicht hat der schwäbische Dichter Eduard Mörike (1804–1875) die Berg- und Wallfahrtskirche »Zur Schmerzhaften Mutter Gottes« besungen.

Limbach

Bistum Würzburg

Ein erstes Gnadenbild in Form eines Bildstocks ist aus dem Jahr 1023 bezeugt. Die ursprüngliche, geostete, um 1430 erbaute gotische Wallfahrtskirche wurde 1751 abgerissen. Auf ihren Grundmauern wurde nach Entwürfen von Balthasar Neumann (1687–1753) die heutige Kirche Maria Limbach, in deren unmittelbarer Nähe sich heute eine fast 500jährige Linde und ein Häuschen mit dem Gnadenbrünnlein befindet, erbaut. Vom Hochaltar, einem überaus gelungenen Erstlingswerk (1760) des Bildhauers Johann Peter Wagner, ausgestattet mit Säulen, Durchblicken, Engeln und Heiligen, grüßt Maria als gekrönte Himmelskönigin mit dem Jesuskind (120 cm hoch, Krone 1760). Ein zweites und älteres Gnadenbild der Schmerzensmutter (um 1420, 90 cm hoch) hat 1734 Thomas Wagner in einen prächtigen Schnitzrahmen gestellt. In dem lichten Kirchenraum umfängt den Pilger eine heitere Frömmigkeit. Maria Limbach ist mit Recht »ein fränkisches Gloria« genannt worden. Ein altes Wallfahrerlied läßt die Freude an der Verherrlichung Marias durch den strahlenden Barockaltar wiederklingen: »Die Schönheit Mariä ist heller und klar, zu Limbach all' Wunder im hohen Altar«.

Lindenberg

Erzbistum Freiburg

Auf einem Höhenzug bei St. Peter im Schwarzwald liegt, von allen Seiten gut sichtbar, die Wallfahrtskapelle Maria Lindenberg. Nach einer Gebetserhörung um 1490 wurde bei einer Linde ein Marienbild aufgestellt. Eine Muttergotteserscheinung am »Frauenbrunnen«, vor allem aber eine spätere Wunderheilung haben diese Stätte zum Ziel vieler Pilger werden lassen. Ein kleines, aus zwei schwarzen Holzbalken zusammengefügtes Kreuz soll damals die Mutter Gottes selbst dem Geheilten Hans Zähringer übergeben haben. Dieses Holzkreuz wird heute vom Jesuskind des Gnadenbildes an einem Kettchen gehalten – bleibende Erinnerung an die Wunderheilung. Bemerkenswert ist, daß die Wallfahrt nach Maria Lindenberg nicht an das Gnadenbild, sondern an den Ort gebunden ist. Trotz der Verbote der Wallfahrten und des Abbruchs der ursprünglichen Wallfahrtskapelle zur Zeit der Aufklärung und trotz der Auswirkungen der Säkularisation (1806) kam es im 19. Jahrhundert zur Errichtung der heutigen Kapelle. Angeregt wurde die Neubelebung der Wallfahrt »Zur Gnadenmutter auf dem Lindenberg« vor allem durch die Gründung der Ordensgemeinschaft der Kreuzschwestern durch Pater Theodosius Florentini (1808/65), die sich zu einer Gebetsgemeinschaft der »Mägde von Lindenberg« zusammenschlossen. Nach mancherlei politischen Wirren kam es nach 1945 zu immer stärker besuchten Wallfahrten zur 1866 erweiterten Gnadenkapelle »Maria, Heil der Kranken«. Die ursprüngliche Wallfahrtsmadonna (um 1700) befindet sich heute in der Pfarrkirche von Eschbach. In der Wallfahrtskirche Maria Lindenberg steht eine gute Kopie, die ebenso wie das Original den Blick der Augen hinlenken will zum Gespräch mit der in den Himmel aufgenommenen Mutter des Herrn.

Lorch

Bistum Speyer

Eine recht banale und blutige Auseinandersetzung wegen eines Viehraubes auf den Weideplätzen in der Nähe der heutigen Kreuzkapelle, bei der die Bauern von Lorch (Kreis Rheingau/Taunus) die Oberhand behielten, führte – um ein Zeichen des Dankes zu setzen – zur Errichtung eines Kreuzes. Später wurde an dieser Stelle eine Kreuzkapelle errichtet (1677 eingeweiht, 1788 erweitert, 1826 restauriert). Jeden zweiten Sonntag im Mai wird von der Pfarrkirche in Lorch zur Kreuzkapelle im Wispertal eine Wallfahrt gehalten, bei der ein Kreuzpartikel, den der Einsiedler Peter Weibler von einer Wallfahrt nach Rom mitgebracht hat, mitgeführt. Das Kreuz Jesu Christi – Trostzeichen der Erlösung, zugleich Orientierungszeichen im geschichtlichen Wandel der Probleme, der Fragen und Anfragen.

Marienberg

Bistum Passau

Entscheidende Impulse für die Wallfahrt zum Marienberg auf einer kleinen Anhöhe über dem linken Salzachufer (in der Nähe der Stadt Burghausen) sind vom Reformkonzil von Trient (1545/63) ausgegangen. Sie haben zur Bildung eines Rosenkranzbundes (1595) bzw. einer Rosenkranzbruderschaft (1627) geführt und eine tiefe Marienfrömmigkeit in den Pfarreien dieses Gebietes angeregt. Die heutige Wallfahrtskirche Marienberg nennt als Bauherrn den Abt Emmanuel II. (1759/80) des benachbarten Zisterzienserklosters Raitenhaslach, als Baumeister Franz Alois Mayr (1723/71). Die Grundsteinlegung fand 1760, die Einweihung 1765 statt. Die doppeltürmige Kirche ist ein Zentralbau (24,65 m lang, 23,20 m breit, 21,28 m hoch). Der Hochaltar, der dem gesamten Raum das Gepräge gibt, ist als barocker Bühnenaltar ein künstlerisches Preislied auf Maria, die Mutter Jesu. Maria mit dem Jesuskind grüßt vom Hochaltar den Besucher. Sie steht auf einer Weltkugel, die von zwei Engeln gehalten wird und mit einem Kranz von fünf Rosen und der Aufschrift geschmückt ist: »Ex Spinis sine spina« (Aus Dornen, ohne Dorne). Unvergeßlich bleibt jedem Beter in dieser Wallfahrtskirche das gewaltige Kuppelfresko von Martin Heigl (1764), in dem das Mysterium des dreifaltigen Gottes im Heilswirken der Kirche, vor allem durch ihre Orden in berückenden Einfällen, Farben und Gestalten veranschaulicht ist.

Marienthal

Bistum Limburg

Am Südhang des Taunus im Rheingau (in der Nähe der Stadt Geisenheim) liegt Marienthal, eine der ältesten Wallfahrtsstätten Deutschlands. Bereits 1330 wurde hier eine Wallfahrtskirche erbaut, die wie kaum eine andere unter den spätmittelalterlichen Irrungen und Wirrungen zu leiden hatte, so daß 1463 die Wallfahrt nach Marienthal ganz zum Erliegen kam. Weltberühmt wurde Marienthal durch die Fraterherrn, auch Kogelherrn (Kogel = Kapuze) genannt, die hier 1468 (28 Jahre nach der Erfindung der Buchdruckerkunst durch Johann Gutenberg) die erste Klosterdruckerei der Welt eingerichtet haben. Im Laufe der Jahrhunderte hat es für die Marienthaler Wallfahrten glückliche wie tragische Stunden gegeben. Erst seit 1858, als die heutige Kirche konsekriert und das Gnadenbild »zur schmerzhaften Mutter Gottes« von Geisenheim wieder nach Marienthal zurückgebracht wurde, sind (abgesehen von der kurzen Zeit des Kulturkampfes) in Marienthal die Gebet zur Ehre Gottes und zum Lob Marias nicht mehr verstummt. Die gekrönte Marienthaler Pietá ist das älteste Gnadenbild zur schmerzhaften Mutter, dessen Verehrung nach den Überlieferungen um das Jahr 1309 begann. Das Vesperbild von Marienthal will dem Pilger bewußt machen, »daß die Leiden dieser Zeit nichts bedeuten im Vergleich zu der Herrlichkeit, die an uns offenbar werden soll« (Röm 8,18).

Maria Birnbaum

Erzbistum München und Freising

In einer ruhigen Landschaft (Landkreis Aichach-Friedberg) und abseits vom Lärm der Städte steht der Pilger (heute auch so mancher Autotourist) unerwartet vor der Wallfahrtskirche Maria Birnbaum, ursprünglich »Unserer Lieben Frau im Pürnbaum« (südlich von Sielenbach). Das Angebot der bürgerlichen Gemeinde Sielenbach (1970), Wallfahrtskirche und Kloster wegen der nicht tragbaren finanziellen Kosten einer notwendigen Restaurierung gratis zu übernehmen, hat die Leitung der Erzdiözese München und Freising angenommen. Durch eine gelungene Restaurierung ist Maria Birnbaum, die beim ersten Anblick wie eine russische Kathedrale anmutet, zu einer Attraktion kunstgeschichtlich interessierter Besucher geworden. Immer mehr finden sich Beter, die zu Fuß oder per Auto nach Maria Birnbaum kommen, vor dem Gnadenbild ein, das die Kopie des holzgeschnitzten Originals eines Vesperbildes (aus dem Ende des 16. Jahrhunderts, seit 1931 im Bayerischen Nationalmuseum in München) ist und unter dem Altarblatt des Hochaltar sich befindet. Hinter dem Hochaltar ist heute noch der alte Lindenbaum zu sehen, in den das Gnadenbild eingelassen ist. Maria Birnbaum ist »der erste größere barocke Zentralbau in Bayern, bei dem ein Phantasieentwurf tatsächlich ausgeführt wurde« (Bernhard Schütz).

Maria Eck

Erzbistum München und Freising

Auf einer Berghöhe von 882 m liegt im Landkreis Traunstein/Oberbayern gleich einer trotzigen Marienfestung die beliebte bayerische Wallfahrtskirche Maria Eck (ursprünglich »Maria Egg«) – eine architektonisch bemerkenswerte Dreikonchenanlage. 1626 wurde (die Gründungslegende berichtet von drei Lichtern, die über den dunklen Wäldern erschienen seien und zur Aufstellung von drei Altären geführt haben) hier eine erste Kapelle für ein Gnadenbild »Maria Hilf« (eine Kopie des Muttergottesbildes »Salus populi

Romani« in Santa Maria Maggiore in Rom) vom Benediktinerkloster Seeon erbaut.
Nach den Wirren der Säkularisation (1803) war es der damalige bayerische Kronprinz Ludwig (der spätere König Ludwig I. 1825/48), der am 11. Dezember 1813 das Gnadenbild wieder in die Wallfahrtskirche zurückbringen ließ. Alljährlich besuchen über 100000 Wallfahrer und Bergsteiger Maria Eck, die, wie die vielen Votivtafeln bezeugen, mit unterschiedlichen Anliegen des Bittens und des Dankens zu »Maria Hilf« heraufsteigen. Was Maria Eck in der Vergangenheit gewesen ist, ist es heute geblieben – »Stätte des Gebetes und geistiger Orientierung auch in der Gegenwart« (Hugo Schnell).

Maria Linden

Erzbistum Freiburg

Wie die meisten Wallfahrtsorte hat auch Maria Linden bei Ottersweiler am nördlichen Schwarzwald (nahe der Bundesstraße 3 zwischen Bühl und Achern) seine Entstehungslegende: Ein Muttergottesbild, das von einer Linde überwachsen war, habe sich geheimnisvoll aus seiner Umhüllung befreit und Maria sei einem Hirtenmädchen erschienen (bereits 1148 sind erste Wallfahrten bezeugt). Von der 1484 errichteten Kirche, die erbaut wurde »wo die Gottesmutter und Jungfrau Maria sich durch Wunder bereits geoffenbart hat«, steht heute noch der gotische Altarraum mit fünf spätgotischen Fenstern und mit den dunkelgetönten Rippen des Netzgewölbes. Der Grundstein des heutigen Langhauses wurde 1756 gelegt. In eine Nische des in Stuckarbeiten ausgeführten, barocken Hochaltars, geweiht der Heiligsten Dreifaltigkeit, ist das aus Lindenholz geschnitzte Gnadenbild (13./14. Jahrhundert) eingefügt: eine sitzende Madonna, auf ihrem linken Knie steht Jesus, in ihrer rechten Hand trägt sie ein übergroßes Szepter. Maria Linden ist eine Stätte, an der in vielen Jahrhunderten gebetet und gesühnt wurde und viele Orden (Zisterzienser, Benediktiner, Prämonstratenser, Jesuiten, Kapuziner) segensreich gewirkt haben. Der katholische, im benachbarten Bühl geborene, Volksschriftsteller Alban Stolz (1808/83) hat die tiefe Verbundenheit mit der »Lindenmutter« in den Worten ausgedrückt: »Es geht selten ein Wanderer vorbei, ohne ein Gebet aus- und himmlischen Trost eingeatmet zu haben«.

Marienweiher

Erzbistum Bamberg

Aus einer kleinen Kapelle mit dem Gnadenbild »Maria am Weiher«, die 1102 von Bischof Otto von Bamberg geweiht wurde, entstand 1718/21 die heutige Wallfahrtskirche. Trotz Zerstörung während der Hussitenkriege (1430) und später ausgesprochener Verbote (1791) sind die Wallfahrten nach Marienweiher (im Landkreis Kulmbach) lebendig geblieben. Der lichte und weihevolle Innenraum mit Rokokoausstattung führt hin zum Hochaltar, der seine jetzige Form zu Beginn des 19. Jahrhunderts erhalten hat. Das aus dem 12. Jahrhundert stammende Marienbild im Hochaltar zeigt eine mit kostbaren Gewändern ausgestattete Muttergottes, die auf ihrem rechten Arm das Jesuskind, in der linken Hand ein Szepter trägt. Ergreifend sind über dem Sakristeieingang das Holzrelief »Tod Mariä« (nach 1510) wie auch die mit Votivgaben übersäte Annakapelle im Turmgeschoß. Feinfühlig ist diese Marienkirche hineinkomponiert in die Höhen des Frankenwaldes. Einladend und zum Gebet anregend ist bereits der Aufgang von der Nordseite, der über zwei Stufenanlagen an einer Steinmadonna (1695) vorbeiführt.

Niederachdorf

Bistum Regensburg

Am linken Donauufer zwischen Regensburg und Straubing liegt die vielbesuchte Wallfahrtskirche »Zum Heiligen Blut von Niederachdorf«. Als eine alte (um 1500 eingeweihte) Kapelle abgerissen und die jetzige Kirche, eine mit einer ausgemalten Kuppel versehene Rotunde, erbaut wurde (1700), fand man im abgebrochenen Altar eine Reliquie mit der Aufschrift »Blut Christi«. Damit war nach dem Volksglauben eine »heilige Statt« gekennzeichnet, die eine blühende Wallfahrt auslöste. Den Mittelpunkt des Blutheiligtums bildet eine sehenswerte Monstranz, die für zwei Blutreliquien der Regensburger Bischof Josef Clemens anfertigen ließ. Von der großen Verehrung des heiligen Blutes zeugen in zwei verglasten Mauernischen Wachsmotive aus vergangenen Jahrhunderten. Niederachdorf – Ziel von Christuswallfahrten, die auch unserer Zeit das Geheimnis der Erlösung und zugleich das Geheimnis des Altarsakramentes neu erschließen möchten.

Nievenheim

Erzbistum Köln

In der heutigen Kirche St. Pankratius (Grundsteinlegung am 20. März 1739), die in ihren ältesten Teilen (Turm) in das 12. Jahrhundert zurückgeht, wird ein altes Gnadenbild (eingefügt unter einem Baldachin des Hochaltars) Salvator (gefaßte Holzfigur aus dem 14. Jahrhundert) verehrt. Der von Säulen flankierte Hochaltar stellt dem Pilger das Geheimnis des dreifaltigen Gottes und der Menschwerdung des Gottessohnes vor Augen (rechts und links weisen die Gestalten von Maria und Josef auf die »Heilige Familie« hin). Das Gnadenbild, »eine der ältesten bekannten Salvatorfiguren« (Agnete Zerhusen), mit seiner fein gearbeiteten Gewandung prägt sich dem betenden Betrachter wegen dreier Eigentümlichkeiten ein, die zu einer Dreiheit von Haupt, Hand und Erdkugel sich zusammenfügen: wegen des großen, mit einer Krone geschmückten Kopfes und seinen langen Haaren, wegen der übergroßen, erhobenen rechten Hand und wegen der mit einem Kreuz gekrönten Weltkugel. Dieses Gnadenbild stand ursprünglich in der Stadtkirche zu Duisburg. Es wurde früher bei der Prozession der sogenannten »Viktorstracht« in Xanten an einem Ehrenplatz mitgetragen. Während der Reformation (1555) wurde das Gnadenbild aus der Duisburger Salvatorkirche entfernt. Es ist der Treue eines Duisburger Bürgers zu seiner katholischen Kirche und seinem persönlichen Mut zu verdanken, daß das Salvatorbild 1556 schließlich nach Nievenheim kam. Kaum ein anderer Wallfahrtsort kann so tief in die Mitte des christlichen Glaubens einführen wie Nievenheim!

Pielenhofen

Bistum Regensburg

Bereits Mitte des 13. Jahrhunderts ist ein Kloster der Zisterzienser an der Naab (Landkreis Regensburg-Land), »am Gestade Mariens«, bezeugt. 1240 wird erstmals der Name »Pielenhofen« genannt. Die heutige Pfarr- und Wallfahrtskirche – auf ihr Patrozinium Mariä Himmelfahrt (15. August) weist der imposante Hochaltar hin! – wurde als Zisterzienserkirche zu Beginn des 18. Jahrhunderts errichtet. In den Klostergebäuden lebten nach der Säkularisation 1803 zunächst Karmelitinnen, heute Salesianerinnen (Schwestern von der Heimsuchung Mariens), die seit 1981 die hier wohnenden Jüngsten der weltberühmten Regensburger Domspatzen betreuen. Der hohe und lichte, spätbarocke Innenraum der zweitürmigen Kirche überrascht mit einer in zarten Farben getönten Stuckdecke. In ihrer künstlerischen Ausstattung bietet diese Kirche einen geschichtlichen Abriß des Zisterzienserordens, dessen Abteikirche sie bis 1803 war. In einer Fülle von Bildern sind Leben und Wirken des heiligen Bernhard von Clairvaux (1091–1153) wie auch des Gründers von Citeaux, des Abtes Robert (um 1044–1111), veranschaulicht. Das Gnadenbild von Pielenhofen (im rechten Seitenschiff, rechts vom Taufstein), ein Ecce-Homo-Bild eines unbekannten Malers, stammt aus dem Besitz der Münchner Karmelitin Maria Anna Josefa Lindmayr (1675–1726), auf deren Beten und Drängen die Erbauung der Dreifaltigkeitskirche in München mit dem früheren Dreifaltigkeitskloster der Karmelitinnen (Grundsteinlegung 1711, Einweihung 1718) zurückgeht. Nach Aussagen der Ordensfrau Lindmayr soll dieses Bild siebenmal geweint haben. Aus ihrem Besitz stammt auch eine Holzfigur »Christus an der Geißelsäule« (jetzt im Kloster Pielenhofen), die ebenfalls nach der Aufhebung des Münchner Karmels 1803 von den Karmelitinnen nach Pielenhofen mitgebracht wurde. Im rechten Seitenschiff der Wallfahrtskirche sollte der Beter nicht vorbeigehen an der gekrönten, gotischen Madonna auf dem Marienaltar. Sehenswert auf dem Totenaltar des linken Seitenschiffs ist eine Pietà, weil Maria wie auch der tote Jesus mit Kronen ausgestattet sind. Anregung zum Gebet und zu einem erneuerten Leben in der Nachfolge des Herrn kann gerade in Pielenhofen ein Wort der Karmelitin Maria Anna Josefa Lindmayr sein: »Etwas Rechtes oder gar nichts will ich zu deiner Ehre werden«.

Pleystein

Bistum Regensburg

Zu den bedeutendsten Kreuzwallfahrtsstätten im Oberpfälzer Wald zählt die Kirche »Zum Kreuzberg« in der Nähe von Pleystein. Leider wurde 1901 mit der früheren Kirche auch das alte Kreuzbild durch Brand vernichtet. Im Hochaltar der heutigen Wallfahrtskirche ist ein eindrucksvolles Kruzifix mit Schmerzensmutter, eine Stiftung des bayerischen Königshauses Wittelsbach, zum neuen Zielpunkt der Wallfahrten geworden. Es ist gewiß still um dieses Heiligtum »Zum Kreuzberg«. Aber gerade deshalb werden Beter mit ihren Sorgen und Nöten besonders gerne die Kreuzwegstationen heraufbeten um am Kreuz Jesu Hilfe und Tröstung zu erflehen.

Regensburg – St. Emmeram

Bistum Regensburg

Neben dem Grab des heiligen Erhard (um 700, wohl aus Narbonne gebürtig) mit dem berühmten Baldachinaltar (um 1330) im nördlichen Seitenschiff von Niedermünster werden in St. Emmeram (neben dem heiligen Ramwold, †17. Juni 1001, beigesetzt in einem Steinsarg der Hochkrypta) von Pilgern vor allem zwei Gräber aufgesucht: das Grab des heiligen Emmeram, seit 740 in einer Wandnische in der Krypta unter der Hauptapsis (1659 wurden seine Reliquien in einen Silbersarg gelegt). In einem anderen, häufig aufgesuchten Grab in der sogenannten Wolfgangskrypta (1052 von Papst Leo konsekriert) wurde der am 31. Oktober 994 verstorbene Bischof Wolfgang beigesetzt. Heute sind die Reliquien des heiligen Wolfgang, der im südlichen Bayern und auch in Österreich (St. Wolfgang am Wolfgangsee im Salzkammergut) zu einem Volksheiligen geworden ist, in einem 1877 gefertigten Reliquienschrein zur Verehrung auf dem Wolfgangsaltar ausgestellt. Des heiligen Wolfgang, des Patrons des Bistums Regensburg, wird alljährlich in einer festlichen »Wolfgangswoche« gedacht.

Retzbach

Bistum Würzburg

Das Anliegen um die Einheit der Christen ist mehr und mehr in den Mittelpunkt der Gebete und Wallfahrten zu »Maria im Grünen Tal« in Retzbach (17 km mainabwärts von Würzburg) getreten. Um die Entstehung dieses Wallfahrtsortes ranken sich verschiedene Legenden. Eine von ihnen erzählt von einem steinernen Marienbild, das in der Erde gefunden worden sei. In einer romanischen Kapelle rückte von der Mitte des 13. Jahrhunderts dieses Steinbild in das Zentrum der Verehrung. An den gotischen Chor wurde im 17. Jahrhundert ein Langhaus angebaut, das in der Gewitternacht des 16./17. Juni 1968 einstürzte. Die erhaltenen Teile des Chors wie auch der Westfassade wurden in einer geglückten Gestaltung mit dem Neubau der heutigen Kirche verbunden. Im Chor der Wallfahrtskirche steht hochragend auf einer Konsole ein aus Bronze gestalteter, überaus eindrucksvoller Bildstock, in den die Gnadenmadonna mit dem Jesuskind (129 cm hohe Figur aus rotem Sandstein, Anfang des 14. Jahrhunderts) eingefügt ist. In den Rücken des Gnadenbildes sind sogenannte Berührungsreliquien (Knochensplitter und ein Stück Tuch um 1350, wohl aus Palästina) eingelassen. Im 16. Jahrhundert hat der Fürstbischof Julius Echter (1545–1617) die Wallfahrt zu »Maria im Grünen Tal« in Retzbach unter das damals brennende Anliegen: Sorge um Erhaltung des katholischen Glaubens gestellt. Bei der Einweihung der neuerbauten Wallfahrtskirche am 13. September 1969 durch den damaligen Würzburger Bischof Dr. Josef Stangl wurde das frühere Anliegen aufgegriffen und in dem heute nicht minder brennenden Anliegen: Sorge um die Einheit der Christen fortgeführt. Retzbach – ein Marienwallfahrtsort mit dem ökumenischen Anliegen der Glaubens- und Kircheneinheit!

St. Wolfgang

Erzbistum München und Freising

Auf der Bundesstraße 15 fällt etwa 7 km südlich von Dorfen (Landkreis Erding) schon von weitem ein vierkantiger, 70 m hoher Kirchturm mit einer ansehnlichen Kirche auf: St. Wolfgang am Burgholz. Erst in der unmittelbaren Nähe bemerkt man noch ein weiteres Türmchen über dem Seitenschiff. Einer Quelle, die durch das Gebet des heiligen Bischofs Wolfgang (924–994) erweckt wurde, verdanken Kirche und Wallfahrt ihren Ursprung. Die heutige Kirche wurde in mehreren Bauabschnitten 1430/84 errichtet. Die alte, gotische Wolfgangskapelle mit dem heute noch unter dem Rokokoaltar entspringenden »Heilbrünnlein« wurde an der Nordseite mit dem Neubau zusammengefügt und bildet heute das linke, aber fünf Stufen tiefer liegende Seitenschiff. Die Kirche erhielt in der Zeit um 1675/80 ihre barocke Ausstattung. Der Flügelhochaltar (1679), in dessen Mittelschrein der heilige Wolfgang in der Mitte, zu seiner Rechten der heilige Sigismund (†523), zu seiner Linken der heilige Georg stehen, stammt aus dem Jahr 1679. Ein sehenswertes Reliquiar mit einer Silberstatue des heiligen Wolfgang (um 1612) wie das »Heilbrünnlein« (dessen Wasser die Pilger an die Augenlider träufeln) sind die Stätten, an denen sich Bittende und Dankende immer wieder einfinden.

Schönenberg

Bistum Rottenburg-Stuttgart

Aus einer kleinen Holzkapelle, die während des Dreißigjährigen Krieges auf dem »schönen Berg« (mons venustus) bei Ellwangen 1639 erbaut wurde, entstand, angeregt durch den Jesuitenpater Philipp Jeningen (1642–1704), die heutige, in strahlendem Ockergelb verputzte Wallfahrtskirche »Unserer Lieben Frau vom Schönenberg«

(Entwurf von Michael Thumb, Grundsteinlegung der Wandpfeilerkirche 1682, Kirchenbrand durch Blitzschlag 1709, Einweihung 1729). An das früher tägliche Beten der Laurentanischen Litanei (die übrigens hier im 15. Jahrhundert ihre heutige Fassung erhalten hat und durch Petrus Canisius erstmals nördlich der Alpen 1558 veröffentlicht wurde) nach der heiligen Messe erinnert noch die Lauretanische Kapelle hinter dem Hochaltar; sie wurde dem Haus von Loreto/Italien nachgebildet. Dort befindet sich das kleine Gnadenbild (eine 7,5 cm große, aus Ton gefertigte Nachbildung der Statue Notre-Dame de Foy/Dinant, Belgien), umgeben von einer modernen Strahlengloriole. Eine zum Verweilen einladende Statue Maria Lauretana (um 1640) steht seit 1974 an der Nordseite des ersten Seitenaltarraumes. In immer neuen Bildern und Medaillonfresken werden die Anrufungen der Lauretanischen Litanei den Betern vor Augen geführt. Zur vertiefenden Meditation regt an das Chorfresko »Paradiesbaum und Maria in der Apokalypse« (von Melchior Seidl).

Schwandorf-Kreuzberg

Bistum Regensburg

Wer Wallfahrtskirchen nur als Stätten aus ehrwürdiger Vergangenheit kennt, wird erstaunt, vielleicht sogar verwirrt sein, wenn er zum ersten Mal auf dem Kreuzberg, einer Anhöhe über dem Naabtal südöstlich der Stadt Schwandorf, das Marienmünster betritt. Die Zerstörung der alten, 1680 eingeweihten Wallfahrtskirche durch einen Bombenangriff am 17. April 1945 hat zur Errichtung der heutigen, zweitürmigen Marienkirche geführt, die dem auf dem damals zertrümmerten Hochaltar unversehrt gebliebenen Gnadenbild eine neue, moderne Heimat gibt. Erst nach längerer Betrachtung erschließt sich die kühne Gestaltung des Hochaltars mit dem gekrönten Gnadenbild »Maria-Hilf«, dem man über einen erlesenen Mosaikboden entgegenschreitet. Man muß sich Zeit, viel Zeit nehmen, denn fast die gesamte Ausstattung: Deckengemälde, Ambo- und Altargestaltung, Josefsaltar mit dem hochragenden Kreuz (rechts) und Theresienaltar mit Tabernakel (links), die Kreuzwegbilder in Enkaustiktechnik von Blasius Spreng, die Kerzenkapelle und Unterkirche fesseln zunächst das Auge und Öffnen nur langsam, aber immer tiefer den Raum des Gebetes. Immer wieder geht der Blick hin zum Hochaltar, in dessen durch Gold- und Silberfelder gegliederten Strahlenkranz das 1979 von Bischof Rudolf Graber gekrönte Gnadenbild in seinem ursprünglichen Barockrahmen hängt. Katholische Marienverehrung der Vergangenheit hat hier eine überzeugende Neugestaltung und Vertiefung erfahren, die sicherlich nicht nur die junge Generation anzusprechen vermag. Das Marienmünster auf dem Kreuzberg in Schwandorf ist ein glaubwürdiges Zeichen, daß christliche Wallfahrt eine Zukunft hat.

Schwarzenberg

Erzbistum Bamberg

Nordöstlich der mittelfränkischen Stadt Scheinfeld liegt unmittelbar neben dem mächtigen Stammschloß der Fürsten von Schwarzenberg das Minoritenkloster mit seiner Mariahilf-Kapelle (Grundsteinlegung 1743, Einweihung 1753). Versteckt hinter dem Hochaltar der Klosterkirche und durch zwei Türbogen zu erreichen, ist die Gnadenkapelle (1743/46). Im Gnadenaltar (1745) ist eine in Stein gehauene, gefaßte Nachbildung des berühmten Maria-Hilf-Bildes von Passau, worauf auch die lateinische Inschrift verweist: »S. Maria auxiliatrix Passaviensis...« (Heilige Maria, Helferin von Passau). Eine Gedenktafel erinnert an den im Lager Auschwitz 1941 gemarterten Franziskaner-Minoriten Pater Maximilian Kolbe. Zwischen den sieben Reliefs dieser Einnerungstafel sind die Worte des heiligen Maximilian Kolbe zu lesen: »Niemand auf der ganzen Welt vermag die Wahrheit zu verändern. Wir können nur eines: sie suchen, sie finden, ihr dienen«. Wer könnte uns besser zur Wahrheit führen als Maria, die der menschgewordenen Wahrheit in Jesus Christus in beispielhafter Weise diente!

Sossau

Bistum Regensburg

Als bayerisches Loreto, das erinnern will an das heilige Haus, das nach der Legende von Nazaret über Dalmatien und Rom schließlich nach Loreto (1295) entrückt wurde, gilt die Wallfahrtskirche »Zu Unserer Lieben Frau« in Sossau (nordwestlich von Straubing, in einer Donauschleife liegend). Bereits im 12. Jahrhundert ist in »Sazzowa« bei Straubing eine Kirche beurkundet. Nach Mirakelbüchern des Jahres 1177 soll diese Kirche durch Engel von Antenring nach Sossau übertragen worden sein. Seit 1900 befindet sich das Gnadenbild, eine aus Kalkstein geschlagene Madonna mit Kind (109 m hoch, 14. Jahrhundert), gehüllt in Brokatkleider und geschmückt mit Barockkronen, auf dem Hochaltar. Sossau, »eine der ältesten Muttergottes-Wallfahrten des Bistums« (Hans J. Utz), hat neues Leben vor allem an den Fatimatagen erhalten, an denen viele Beter sich in den Nöten unserer Zeit und in dem Anliegen der Bekehrung Rußlands an Maria wenden. Viel besucht wird heute noch die an der Südseite des Chores 1677 angebaute Nothelferkapelle.

Steinfeld

Erzbistum Köln

Die 1142/1150 im romanischen Stil erbaute, dreischiffige Basilika, die später eine barocke Ausstattung (1683/1724) erhalten hat, erschließt sich in der Fülle ihrer Gemälde und Statuen nur dem, der sich in die Geschichte der Prämonstratenser einführen läßt. In der Mitte des Langhauses steht das barocke (um 1720) Hochgrab des heiligen Prämonstratenser-Chorherrn Hermann-Josef (um 1150/1250), der in Steinfeld lebte und wirkte. Im Innern des Sarkophages ist der gläserne Schrein mit den Gebeinen des 1960 heiliggesprochenen Prämonstratensers zu sehen. Zu den Hauptwallfahrtszeiten zählt die Festwoche vor dem Pfingstfest. Nach einem fast 800jährigen, segensreichen Wirken der Prämonstratenser – Steinfeld war im 16. Jahrhundert eine Hauptstütze der katholischen Reform in der nördlichen Eifel – wurde ihre Abtei 1802 durch den Kaiser Napoleon aufgehoben. Seit 1923 wirkt hier die Ordensgenossenschaft der Salvatorianer, die sich neben ihren Aufgaben im ordenseigenen Gymnasium und Internat mit außergewöhnlicher Hingabe den Wallfahrern zum Grab des heiligen Prämonstratensers Hermann-Josef widmen.

Sterkrade

Bistum Essen

Wie weit die Ausstrahlung des Passauer Mariahilf-Kultes reicht, bezeugt das Marienbild der »Mutter vom Guten Rat« in Sterkrade (Oberhausen), das eine Kopie des Passauer Gnadenbildes ist. Heute befindet sich das Gnadenbild in der St. Clemenskirche, der ehemaligen Abteikirche der Zisterzienserinnen. Die Wallfahrt hat im 18. Jahrhundert eingesetzt, einer Zeit, in der das einfache Volk – im Gegensatz zu den antireligiösen Tendenzen der damaligen Aufklärung – mit dem Herzen Gott suchte und Gott im Antlitz und Leben Marias fand. In einer ähnlichen Geistesepoche der gegenwärtigen Neo-Aufklärung sollten suchende Menschen den Weg gerade zur »Maria vom Guten Rat« finden, um von ihr weiterführende Beratung und Tröstung zu erhalten.

Thalheim

Erzbistum München und Freising

Immer wieder ist man überrascht über die vielen Kirchen, die versteckt wie kostbare Kleinodien im bayerischen Land verstreut sind. Eine von ihnen ist die Wallfahrtskirche Maria Thalheim (Landkreis Erding), an deren südlicher Seite sich die Michaelikapelle im Friedhof (Beginn des 16. Jahrhundert) anschmiegt. Aus einer gotischen Kirche (Ende des 15. Jahrhunderts) wurde in mehreren Bauetappen des 17./18. Jahrhunderts das heutige, einschiffige Langhaus der Wallfahrtskirche erstellt. Außerordentlich bewegt ist der Hochaltar gestaltet: Das Marienbild (1735 vom linken Seitenaltar auf den Hochaltar übertragen) steht unter einem großen Baldachin. Das Gnadenbild ist eine 1,60 m hohe, gefaßte Figur, geschnitzt aus Lindenholz (ausgehendes 15. Jahrhundert). Flankiert wird es von je zwei Säulen, zu deren Füßen die vier lateinischen Kirchenlehrer Ambrosius, Hieronymus, Augustinus und Gregor der Große stehen. Nicht übersehen sollte man das silberne Marienbild, mit dem die kommenden und heimkehrenden Pilger gesegnet werden. »Die Abgelegenheit vom Verkehr ist die Ursache, daß dieses Kleinod des Rokoko den Kunstfreunden bisher zu wenig bekannt ist« (Hugo Schnell). Gerade die Stille um Maria Thalheim (Talaheim) könnte so manchen Christen anregen, hierher zu kommen um ungestört beten zu können.

Todtmoos

Erzbistum Freiburg

Seit der Mitte des 13. Jahrhunderts hat das kirchliche Leben auf dem »Schönenbühl« in Todtmoos im Schwarzwald (Landkreis Säckingen) politisch wie religiös eine stürmische Geschichte durchlaufen. Bereits vor der Reformation wird von großen Pest-Wallfahrten und von der »gewaltigen Zahl der Wallfahrer« berichtet, die zur Muttergottes in der Pfarrei Todtmoos kamen, die seit 1319 zum Benediktinerkloster St. Blasien gehörte. Das bereits 1624 als »uralt« bezeichnete Gnadenbild, das ursprünglich auf dem rechten Seitenaltar stand, wurde 1759 auf den neuen Hochaltar des heutigen Kirchenbaus übertragen. Es ist ein Vesperbild aus dem 14. Jahrhundert, das durch einen Brand schweren Schaden erlitten hat und daher mit einem festlichen Ornat umkleidet ist, so daß nur die Köpfe Jesu und Marias unter dem Baldachin des Hochaltars zu sehen sind. Maria, Schmerzensmutter und Trösterin der Betrübten, stehe dem pilgernden Gottesvolk auf dem Kreuzweg in der Nachfolge des Herrn bei!

Triberg

Erzbistum Freiburg

Kaum bekannt ist, daß der heilige Klemens Maria Hofbauer 1805 als Rektor der Wallfahrtskirche »Maria in der Tanne« zu Triburg im

Schwarzwald lebte und wirkte. Von ihm, der unter dem Drängen des damaligen Bistumsverwesers von Konstanz, Ignaz von Wessenberg, Triburg verlassen mußte, stammt die Verheißung: »Triburg wird geprüft werden, aber seinen Glauben nicht verlieren, weil es unter dem Schutz der Mutter Gottes steht«. Der Name dieses Marienheiligtums geht zurück auf ein Gnadenbild, das (wie ein Bericht aus dem Jahr 1644 erzählt) zunächst in der Höhlung einer Schwarzwaldtanne stand. Heute noch befindet sich das Mittelstück dieser alten Tanne mit dem kleinen Gnadenbild (aus Lindenholz geschnitzt 1645) in der Mitte des reich ausgestalteten, spätbarocken Hochaltars (1705). Wie sehr besonders in Notzeiten »Maria in der Tanne« angerufen wurde, bezeugt das große Votivbild, das die Stadt Villingen für Errettung aus großer Bedrängnis 1704 gelobt und 1715 gestiftet hat. Sechs Kanonenkugeln aus der damaligen Belagerungszeit wollen heute noch die Bedrohung veranschaulichen, in der sich damals die Bewohner von Villingen befanden. Not und Freude, Bitte und Dank lassen immer neue Pilger zu »Maria in der Tanne« ziehen.

Tuntenhausen

Erzbistum München und Freising

Gleichzeitig mit Thalheim setzt zu Beginn des 15. Jahrhunderts in Tuntenhausen (= Ansiedlung des Tunto, Tontinhusa; Landkreis Bad Aibling) die Marienwallfahrt ein. Eine spätgotische Kirche, deren Chormauern heute noch den Gnadenaltar umschließen, wurde um 1470/80 erbaut. Nach einem Brand (am 28. April 1548) war es der Opferbereitschaft der Gläubigen, nicht zuletzt den helfenden Spenden des bayerischen Kurfürsten Maximilian I. (1597–1651) zu verdanken, daß trotz des Dreißigjährigen Krieges der Freisinger Fürstbischof Veit Adam von Gebeck (1618/51) am 1. September 1630 den heutigen Kirchenbau, der durch Papst Pius XII. 1942 zur Basilika erhoben wurde, einweihen konnte. Mit der bayerischen Geschichte, besonders dem Hause Wittelsbach ist die Wallfahrtskirche Mariä Himmelfahrt in Tuntenhausen in einzigartiger Weise (wie etwa Altötting) verbunden. Es war der bayerische Kurfürst Maximilian I., der den Gnadenaltar mit dem Gnadenbild »Virgo potens« (Mächtige Jungfrau), das ihn umgebende, handgeschmiedete Gitter und die thronende Patrona Bavariae in der Muschelnische auf dem Chorbogen gestiftet hat. Auch sein Feldherr Johann Tserclaes von Tilly (1559–1632), der 1630 den Andreasaltar (links) gestiftet hat, wollte sich dem Schutz Marias wie den Gebeten der Pilger empfehlen. Immer wieder sind Mitglieder des bayerischen Herrscherhauses nach Tuntenhausen gepilgert. Sie haben durch beträchtliche Spenden und Stiftungen die prunkvolle Ausstattung und die notwendigen Renovierungen ermöglicht. In der Mitte des Hochaltars der dreischiffigen Hallenkirche mit ihren beiden charakteristischen Spitztürmen (um 1890) thront das Gnadenbild (holzgeschnitzte Figur aus der Zeit nach 1548, bayerische Frührenaissance) einer sitzenden Muttergottes mit dem Jesuskind auf ihrem Schoß, in Stoffkleider gehüllt. Wie die Inschriften der vier silbernen Schilde angeben, ist Maria von Tuntenhausen vom bayerischen Volk ebenso als »Heil der Kranken« und als »Zuflucht der Sünder« wie als »Hilfe der Christen« und als »Trösterin der Betrübten« angerufen worden. Sagt man Tuntenhausen, dann meint man mit dem Gnadenbild ein Stück bayerischer Kirchentreue und Heimatverantwortung, wie sie etwa die (hier am 20. Oktober 1624 errichtete) erste bayerische Rosenkranzbruderschaft und vor allem der (am 19. September 1869 gegründete) Katholische Männerverein Tuntenhausen in kritischen Zeiten der Vergangenheit wie der Gegenwart bewiesen haben.

Volkach

Bistum Würzburg

Verläßt man die Stadt Volkach (= Folchaa) im Landkreis Kitzingen durch das Gaibacher Tor, so grüßt vom nahen Kirchberg die berühmte, spätgotische Wallfahrtskirche »Maria im Weingarten« (St. Maria inter vites). Diese Kirche, zu der ein besinnlicher Pilgerweg mit Kreuzwegstationen hinaufführt, wurde um die Mitte des 15. Jahrhunderts begonnen. Eine marianische Gebetsbruderschaft hat damals bei Tilman Riemenschneider (um 1460–1531) ein Schnitzwerk »Maria im Rosenkranz« in Auftrag gegeben, das dieser Wallfahrtskirche bis zum heutigen Tag Weltberühmtheit verliehen hat. Es ist das letzte Marienbild, das Riemenschneider neben seiner aufreibenden Tätigkeit als Bürgermeister von Würzburg 1524 vollenden konnte. Alljährlich ziehen Touristenströme durch diese Kirche, weil man dieses Schnitzwerk »gesehen haben muß«. Wer jedoch in dieser Wallfahrtskirche beten will, muß sich eine stille Zeit aussuchen, um ungestört dem Gnadenbild auf dem linken Seitenaltar (spätgotische, um 1370 von einem unbekannten Meister holzgeschnitzte und gefaßte Pietà) beten zu können. »Ergreifend ist das Andachtsbild in seiner Zwiespältigkeit: Aufrecht sitzt Maria, in jugendlicher Schönheit, von Anmut überspielt. Sie hat die gerungenen Hände vor der Brust erhoben, edel in Haltung und Gebärde. Christus liegt ungestützt, in fast schmerzlicher Horizontale auf ihrem Schoß, todesstarr, gemartert, blutüberströmt« (Hanswernfried Muth). Nicht übersehen sollte man über dem rechten Seitenaltar die Holzplastik

Anna-Selbdritt und an der rechten Innenwand des Langhauses das spätgotische Kruzifix (um 1490).

Weggental

Bistum Rottenburg-Stuttgart

In die religiös aufgewühlte Epoche der beginnenden, deutschen Reformation gehen die Anfänge der Wallfahrt zur »Schmerzhaften Muttergottes« im Weggental bei Rottenburg (seit 1828 Bischofssitz) zurück, wo 1521 die erste Wallfahrtskapelle eingeweiht wurde. In 13 kleinen Rundbildern über der Sakristeitüre ist der Beginn der Wallfahrt festgehalten. Es waren vor allem die Jesuiten, die von 1653 bis 1773 die Wallfahrt betreuten. Ihre Aufgabe haben seit 1919 die Franziskaner übernommen. In die heutige Wallfahrtskirche (Grundsteinlegung 1682, Einweihung 1693) wurde das kleine Gnadenbild aus der alten, abgebrochenen Kirche 1687 übertragen. Diese Kirche entspricht in ihrem Äußern der Anlage des »Vorarlberger Münsterschemas«. Der Blick des Besuchers wird vorbei an den kontrastierenden, schwarz getönten Seitenaltären zur Apsis hingeführt. Der Hochaltar kam als Geschenk des österreichischen Kaiserhauses 1730 aus Wien ins Weggental. Er zeigt im Goldglanz das Gnadenbild (ein Vesperbild, Beginn des 16. Jahrhunderts), über dem ein frühbarockes Altarbild (Kreuzabnahme Jesu) aufragt und seinen bekrönenden Abschluß in einem einzigartigen Stuckwerk (1700, geschaffen von Johann Georg Brix) findet, das in die Kuppelhalbrunde hineinreicht. Bei aller Bewunderung der imposanten Gestaltung des Hochaltars geht der Blick der Beter hin zum kleinen Gnadenbild der Schmerzhaften Muttergottes unmittelbar über dem Altartisch. Maria, Schmerzensmutter im Weggental, bitte für uns!

Wietmarschen

Bistum Osnabrück

In Wietmarschen (»wyt in de Mersch« – »Wytmersch«) im heutigen Regierungsbezirk Osnabrück zog 1152 am Fest Kreuzerhöhung (14. September) der Prior Hildebrand von Utrecht als erster Abt des Benediktinerklosters »Sünte Marienrode« ein. Die Gemeinschaft Marienrode, die im 17. Jahrhundert in ein hochadeliges freiweltliches Damenstift umgestaltet wurde, hatte eine recht bewegte Geschichte. Im Zug der Säkularisation wurde sie 1808 aufgehoben. Aus einem ersten Kirchlein (1152) kam es nach verschiedenen Kirchenbauten erst im 20. Jahrhundert zur Erbauung der heutigen Wallfahrtskirche (unter dem eifrigen und kunstverständigen Pfarrer Matthias Rosemann), in die der alte Chor einbezogen worden ist. Auch der größte Teil der alten Ausstattung (Hochaltar, Chorgestühl, Kommunionbank, Kanzel, Seitenaltäre) konnten verwendet werden. Seit Ostern 1930 befindet sich das gekrönte Gnadenbild »Unserer Lieben Frau von Sünte Marienrode« mit dem Jesuskind (eine mit Eisenblech beschlagene Holzplastik, um 1155) auf dem rechten Seitenaltar. Salve regina, Mutter der Barmherzigkeit, unser Leben, unsere Hoffnung: Sei gegrüßt!

Wondreb

Bistum Regensburg

Das alte Pfarrdorf Wondreb (Landkreis Tirschenreuth/Oberpfalz), wahrscheinlich als vorgeschobener Missionsposten von den Mönchen des Regensburger Benediktinerklosters St. Emmeram erbaut, ist bereits 1183 bezeugt. Welche Bedeutung diese Stätte hatte, kann daraus ersehen werden, daß der deutsche Kaiser das Patronats- und Besetzungsrecht hatte. An nur wenigen Orten Deutschlands haben sich die Wirren des Reformationszeitalters stärker ausgewirkt als hier in Wondreb: 1557 erster protestantischer Pfarrer, nach öfterem, von oben befohlenen Religionswechsel nach dem Prinzip: Cuius regio, eius religio (Der jeweilige Besitzer entscheidet über die Religion seiner Untertanen!) wurde 1625 das katholische Bekenntnis endgültig eingeführt. Zwei Pilgerstätten weist Wondreb auf. Zunächst im Ort die heutige Pfarr- und Wallfahrtskirche, an der verschiedene Kunstepochen (Romanik 1135, Gotik 1350, Renaissance: Beginn des 16. Jahrhunderts, Spätbarock 1713) mitgestaltet haben (ihre letzte Konsekration hat sie am 17. Juli 1726 erhalten). Auf dem linken Seitenaltar befindet sich das spätgotische Gnadenbild, eine sitzende und gekrönte Madonna, die dem Jesuskind auf ihrem Schoß mit ihrer linken Hand eine Frucht reicht. Das älteste Kultbild dieser Dorfkirche ist jedoch eine gotische, holzgeschnitzte und neugefaßte St. Barbara (um 1420), die auf dem Kriegeraltar zu sehen ist. Die zweite Wallfahrtsstätte ist von Wondreb einen Fußmarsch von eineinhalb Stunden entfernt. Die Kapelle »Zum alten Herrgott« (drei Meter im Geviert) liegt in einer Waldlichtung. Auf einem Altärchen befindet sich das Gnadenbild, eine barocke Holzfigur Gottvaters, die linke Hand umfaßt eine übergroße Weltkugel, die rechte Hand ist zum Segnen erhoben. Zum Zeichen der Buße und der Gesinnungsveränderung wird von Pilgern das schwere Bild um die Kapelle, die gerade fünf Personen einläßt, getragen. Die Einsamkeit hat leider allzu oft Kirchendiebe angelockt, die Votivtafeln entwendet haben. Um das alte Gnadenbild zu schützen, wurde es in dieser stillen Kapelle »Zum alten Herrgott« durch eine recht gute Kopie ersetzt.

Wallfahrer, kommst Du nach…

Von den vielen Wallfahrtsorten unserer deutschen Heimat konnten nur wenige in Wort und Bild vorgestellt werden. Mancher Leser wird jene Gnaden- und Gebetsstätten vergeblich gesucht haben, die er seit seiner Kindheit oft und sicherlich mit unterschiedlichen Anliegen aufgesucht hat und daher ein Stück seiner Biographie sind.

Wie tröstlich ist es, sich in der großen Gebetsgemeinschaft des pilgernden Gottesvolkes zu wissen, von ihr getragen und ermutigt zu werden. Eine festliche Eucharistiefeier oder eine abendliche Lichterprozession kann lange in unserer Erinnerung weiterleben. Wer sich aber in tiefem Leid an einer Wallfahrtsstätte ausweinen und ausbeten will, wird sich an stillen Tagen dort einfinden. Weil er allein mit Gott, mit Maria oder mit einem Heiligen sprechen will, braucht er Ruhe. Niemand sollte die Ruhe eines einsamen Beters stören.

Möge mit Gottes Hilfe und durch die Fürbitte der Heiligen unsere irdische Wanderschaft gelingen um mit vielen unserer Verwandten und Bekannten jene ewige Herrlichkeit zu erlangen, die Gott denen bereitet hat, die ihn lieben.

Bistümer der Kirche zwischen Elbe und Oder / Neiße

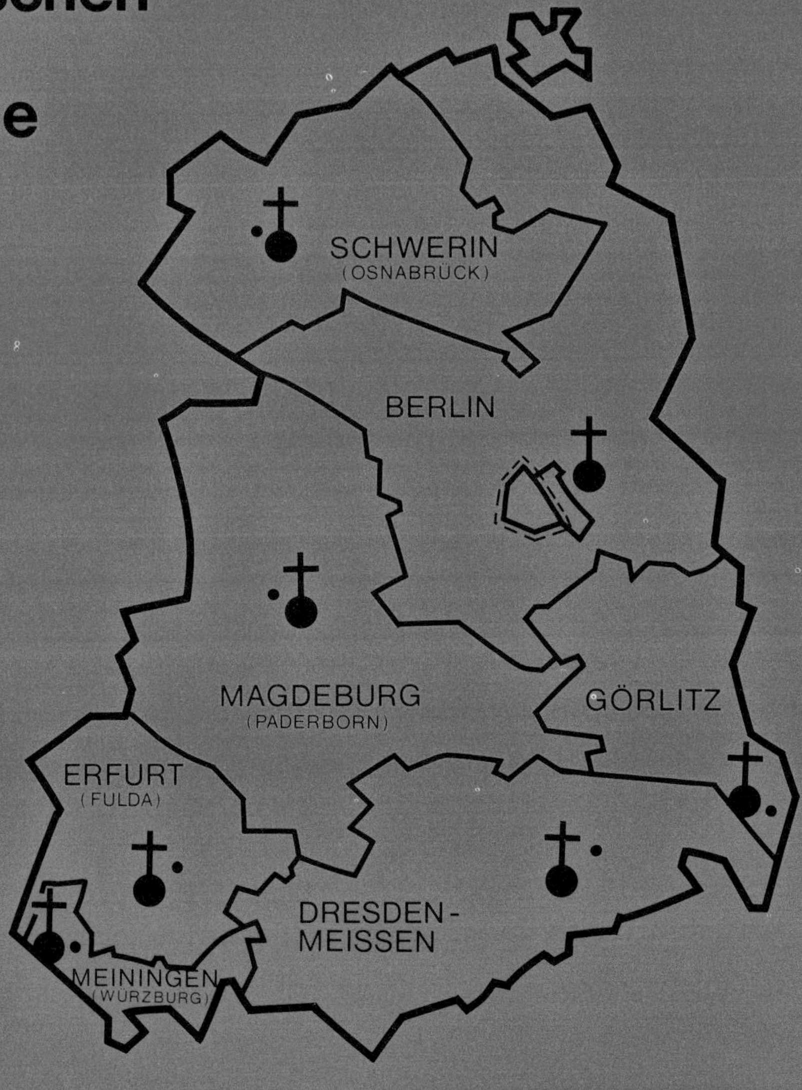